小倉ゆき子のリボン刺しゅう
Ribbon embroidery

ステッチと図案集

小倉ゆき子

RIKUYOSHA

Introduction
はじめに

　リボン刺しゅうは、細い幅に織られたリボンで刺しゅうをする手芸です。そのリボンは、刺しゅうする上で、とても美しく、楽しく、魅力のある素材のひとつです。ヨーロッパのアンティークの作品に使われているリボン刺しゅうは、優しく繊細で、独特な優雅さがあります。そんなリボン刺しゅうに魅せられて、私はある時期、夢中になってリボン刺しゅうに取り組んでいたことがありました。

　それが数十年後の今、役に立つとは不思議です。たくさん揃った現在のエンブロイダリーリボンは、以前にはなかった新しい素材がたくさんあり、それぞれに持ち味がある素晴らしいリボンです。

　私はそれらのリボンに、そのリボンだからこそできるステッチを考えました。リボンならではのステッチです。そのきっかけは、可愛い小花のステッチのひとつで、そこから私のリボン刺しゅうの扉が開かれました。さらに、かつてのイギリスのヴィクトリア調の刺しゅうにも、現代のコンテンポラリーな刺しゅうにも、お母さんの温もりのある刺しゅうにも、リボン刺しゅうの世界は広がります。幅の違いや柔らかさ、硬さ、ハリのある、なしなど、まずは手に触れて一針刺してみましょう。きっと楽しくなると思います。

右の作品は、Vlé triennale internationale des mini-textiles Angers 1999の入選作品 "le premier pas（はじめの一歩）"

Contents
もくじ

4 **Ribbon embroidery 1**
  ポイントに刺しゅうをしてみましょう

　　バッグ

8 　Tシャツ＆カーディガン

12 　マフラー＆手袋

14 **Column 1　新しいリボン刺しゅうのはじまり**

16 **Stitch 1**
  リボン刺しゅうを始めましょう

　　エンブロイダリーリボン
　　必要な道具と刺しゅう糸
　　リボン

18 　図案の写し方
　　針の通し方
　　玉結びのつくり方

19 　刺し始め方
　　針の入れ方
　　捨て針
　　挿し終わり方

20 **Stitch 2**
  基本のステッチを覚えましょう

　　ストレートステッチ＆ストレート・ローズ・ステッチ

21 　フィッシュボーンステッチ

22 　サテンステッチ

23 　クローズド・ヘリンボーン・ステッチ

24 　フレンチ・ノット・ステッチ＆レージー・デージー・ステッチ

25 　ツイスティド・チェーン・ステッチ

26 　フライステッチ＆フェザーステッチ

27 　スパイダー・ウェブ・ローズ・ステッチ

28 　シューフルールステッチ

29 　オールド・ローズ・ステッチ

30 　ユキコ・ローズ・ステッチ

31 　アウトラインステッチ

32 **Column 2　着るものに刺すとき**

34 **Ribbon embroidery 2**
  ポイントになる刺しゅうのバリエーションを
  刺してみましょう

44 **Column 3　作品に合う図案やステッチを選ぶとき**

46 **Ribbon embroidery 3**
  よく使うステッチのバリエーションを刺してみましょう

　　フィッシュボーンステッチ

50 　サテンステッチ

54 　ツイスティド・チェーン・ステッチ

58 　スパイダー・ウェブ・ローズ・ステッチ

62 **Ribbon embroidery 4**
  絵画のような花の図案を刺してみましょう

90 **Ribbon embroidery 5**
  装飾的な図案を刺してみましょう

102 　製作を終えて

103 　プロフィール

Ribbon embroidery 1
ポイントに刺しゅうをしてみましょう

ふっくらと立体感のあるリボン刺しゅうは、
ほんの少し刺すだけでも、存在感があります。
ポイントに手持ちのバッグや着るものに刺しゅうすると、
たちまちお気に入りのアイテムになるでしょう。

Bag 1

バッグ：どこにステッチを配置するかで、でき上がった印象も変わります。
図案を描いたトレーシングペーパーをバッグの上に置いて、いろいろ考えてみましょう。

図案はP.97

Bag 2.3

Bag2(左)の図案はP.97　Bag3(右)の図案はP.98

Bag 4

図案はP.99

T-shirt 1

Tシャツ&カーディガン：着るものには、襟元にほんの少し刺すと可愛らしく仕上がります。
刺し始めと刺し終わりの処理をしっかりすれば、洗濯しても大丈夫です。

T-shirt 2

図案はP.101

Cardigan

図案はP.100

Muffler

マフラー&手袋：マフラーのような厚みのある素材には、立体的に仕上がるステッチがよく合います。
手袋は、ジャージー素材のものを選ぶと刺しやすいでしょう。

図案はP.100

Muffler & Gloves

図案はP.101

Column 1
新しいリボン刺しゅうのはじまり

　リボン刺しゅうは、刺しゅうの中でも、私にとってとても大きな存在となり、欠かすことのないものとなっています。右ページの2枚の大きな作品は、50種類の花々のリボン刺しゅうです。この作品の基となった50枚の花のリボン刺しゅうは、15年以上前にMOKUBAさんがアメリカのシカゴでのニードルワークのショーに出品するために、かなり短期間で刺しました。今のように刺しゅう用のリボンがたくさんできる以前のことです。

　MOKUBAには、世界中のデザイナーから認められているたくさんのリボンがありましたので、その中から刺しゅうができそうなリボンを使わせていただきました。無理矢理刺したものもあります。今改めてよく見ると、なんと荒削りなことでしょう。ヨーロッパのかつてのリボン刺しゅうに比べたら、繊細さはまるでありませんでした。それでもシカゴでのショーでは、とても好評だったと伺い、本当に嬉しく思ったのを覚えております。その後、改めて2枚の布に25種ずつ花を刺しました。それがこの作品です。

　今回は、この花の中から、いままでに他の本に掲載していない6点（P.78〜89）を選んで、図案とともにご紹介しています。図案はそのままですが、使用するリボンは部分的に扱いやすいものに置き換えたところもあります。こんなにもたくさんの刺しゅう用リボンができるとは、当時思ってもみませんでした。嬉しい限りです。

Stitch 1
リボン刺しゅうを始めましょう

刺しゅう糸ではなく、リボンを使って刺すリボン刺しゅう。
細いものは幅3.5mmくらいから、10mmくらいまで、リボンならどんなものでも使うことができます。
必要な道具を揃えて、始めてみましょう。

エンブロイダリーリボン

左から：①No.1540-3.5mm　②No.1540-7mm　柔らかい基本のリボン。アクリル100%。／③No.1541　幅は細いが、腰のあるリボン。ポリエステル100%。／④No.1542　幅が細く、ぼかしが入っている。プロミックス100%。／⑤No.1543-3.5mm　⑥No.1543-7mm　段染めのリボン。アクリル100%。／⑦No.1544　ループの縁飾りがあるぼかしのリボン。ポリエステル100%。／⑧No.1545　ラメ入りのリボン。ナイロン75%、ポリエステル25%。／⑨No.1546　見る角度によって玉虫色に。ナイロン60%、ポリエステル40%。／⑩No.1547-4mm　柔らかいシルクのリボン。シルク100%。

必要な道具と刺しゅう糸

左から：トレーシングペーパー／チャコペーパー（片面）／セロファン／硬いえんぴつ（H）／チャコペン／糸切りバサミ／リボン刺しゅう用の針（左から、普通地から薄地用2本、普通地から厚地用2本、針先が丸いニット地用3本）／針刺し／25番刺しゅう糸／5番刺しゅう糸

* 本書のリボンはMOKUBA、刺しゅう糸はDMCの商品を使用しています。
* ①から⑮までは、5m巻き、⑯は15m巻き、⑰は10m巻き、⑱は25m巻き。

⑪No.1548　両端にループの縁飾りがあるリボン。ポリエステル100％。／⑫No.4563-8mm　⑬No.4563-15mm　オーガンジーのリボン。ナイロン60％、ポリエステル40％。／⑭No.4599-7mm　⑮No.4599-13mm　表面に光沢のあるリボン。ポリエステル25％、レーヨン75％。／⑯No.F-001　細い糸に一定の間隔で、小さな房が付いたリボン。アクリル75％、ナイロン25％。／⑰No.F-007　細い糸に一定の間隔で、濃淡のある房が付いたリボン。アクリル40％、レーヨン40％、ナイロン20％。／⑱No.F-008　一定の間隔で小さなループが付いた細い糸。ポリエステル100％。

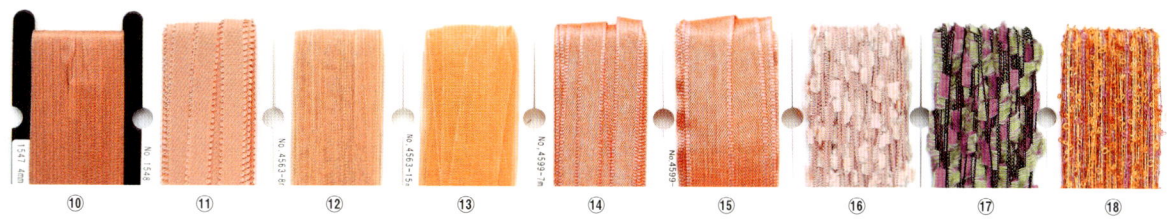

リボン

左から：No.1549-11mm／No.9815／No.4301-9mm／No.4681-15mm／No.4686K／No.4675-9mm／No.4675-15mm／No.4563-15mm／No.9336／No.0492-6mm／No.0492-6mm／No.4681-15mm／No.4302K-6mm／No.4304K-12mm

図案の写し方

複雑な図案のときは、あらかじめ刺す布に図案を写すといいでしょう。
チャコペーパーとチャコペンは、刺し終わったら水を含ませた綿棒などでなぞると消えるタイプのものを使います。

1. 図案を写したトレーシングペーパーを布にとめ、その間にチャコペーパーを色の付いているチャコ面を下（布面）にしてはさみます。

2. 図案を硬いえんぴつでなぞったとき、トレーシングペーパーが破れないように、上にセロファンをのせます。

3. 片手でセロファンをしっかり押さえながら、硬いえんぴつで図案をなぞり、布に写します。

針の通し方

細くて柔らかいリボン（No.1540-3.5mm、No.1542、No.1545、No.1547-4mmなど）を使うときや、刺している途中でリボンが抜けると困るときに、針の穴にとめる方法です。

1. 針穴にリボンを通してから、リボンの先端1cmくらいの所に針を刺します。

2. 針の先を持って、リボンを引きます。

3. 針穴のところで、リボンがとまるまで引きます。

玉結びのつくり方

玉結びは、細くて柔らかいリボンの場合にしますが、幅の広いリボンの場合には、あえてしません。

 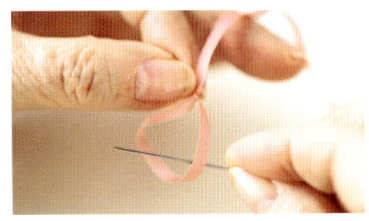 

1. 先端から1cmくらいの所に針を通します。

2. 針を抜いてできた輪に針をくぐらせます。

3. リボンを引くと玉結びができます。引きすぎないようにするのがポイントです。

刺し始め方

玉結びをしているときもしていないときも、
刺し始めのすぐ裏側に付加がかからないようにします。

1. 針を出し、ひと針返します。

2. このとき、裏側で玉結びの近くに針を通します。

3. 針を抜きます。こうするとしっかりとまります。

針の入れ方

リボン刺しゅう特有の入れ方です。直接布に針を刺したときと、
表情に違いが出るので、好みで使い分けるといいでしょう。

捨て針

1. リボンの中央に針を通します。

2. 左がリボンの中央に針を刺した場合。右がリボンに刺さずに、布に直接、針を刺した場合。

刺し始めるとき、見えなくなる所に、ひと針刺して(これを捨て針といいます)から刺し始める位置に針を通すと、糸が抜けにくくなります。

挿し終わり方

玉留めをするときもしないときも、この処理をするといいでしょう。

1. 刺し終わったら、裏で玉留めをします(玉留めをしなくてもいいです)。

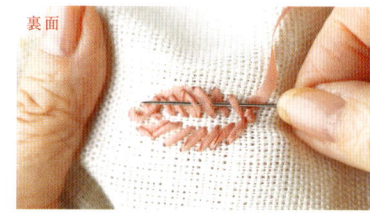

2. 糸の間に針を通します。

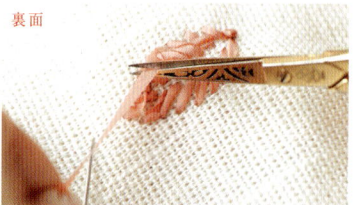

3. 糸を抜いて、リボンをカットします。

Stitch 2
基本のステッチを覚えましょう

リボン刺しゅうのステッチの刺し方は、糸の刺しゅうとほとんど変わりませんが、リボンを生かすちょっとしたコツをつかんで、その豊かな表情を楽しみましょう。

〈ストレートステッチ〉

リボンの中心に針を刺した場合

布に直接、針を刺した場合

Straight stitch & Straight rose stitch
ストレートステッチ&ストレート・ローズ・ステッチ

〈ストレート・ローズ・ステッチ〉

ひと針、直線に刺すステッチです。
このステッチが渦を巻くように進めると、ストレート・ローズ・ステッチになります。

＊ここではNo.1540-3.5mmのリボンとストレート・ローズ・ステッチの中心は、No.1541のリボンを使用しています。

〈ストレートステッチ〉

裏から針を出し、刺したい幅の所に針を入れます。上の写真のように、布に直接刺す場合と、針の入れ方（P.19参照）で説明したように、リボンの中央に針を通す場合と、好みによって使い分けます。

〈ストレート・ローズ・ステッチ〉

1. 写真のような案内線をチャコペンで描きます。

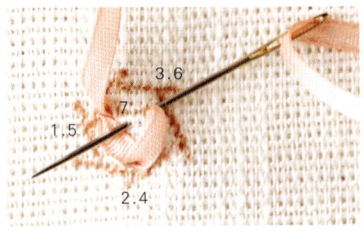

2. 中心の三角の数字の順に、ストレートステッチを刺し、中央に針を出します。

3. 2の三角の中央にフレンチ・ノット・ステッチ（P.24参照）を刺し、裏で玉留めします。

4. リボンを変え、案内線で描いた線の外側（1の写真の○印の所）から針を出し、内側から隣の外側に、リボンの中央に針を入れ、ひと針すくいます。

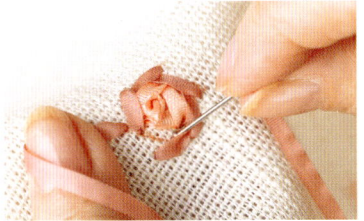

5. 最後のひと針は、リボンの中央には刺さずに布に直接刺し、リボンを指で押さえながら、ゆっくり引くと、きれいに刺せます。

＊P.20〜31の上の切り抜き写真と図は、実物大です。

表　　裏

Fishbone stitch
フィッシュボーンステッチ

魚の骨（フィッシュボーン）の形をしたステッチです。
リボンの面がねじれないように、刺し進めるときれいにできます。
＊ここではNo.1540-3.5mmのリボンを使用しています。

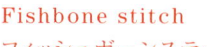

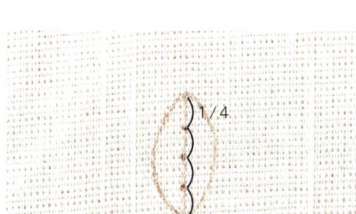

1. 写真のように案内線を描きます。中心線を4等分した所にも印を付けます。

2. 葉の先端から針を出し、1の案内線のように中心の4分の1の所に針を入れ、葉のアウトラインから針を出します。

3. リボンを中心より少し右に置き、針を入れ、2の反対側のアウトラインへ針を出します。

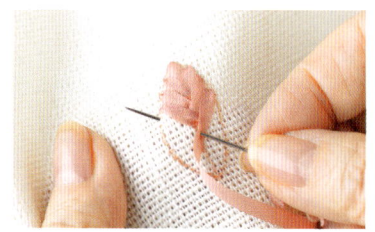

4. 同じ要領で、左右交互に刺し進めます。

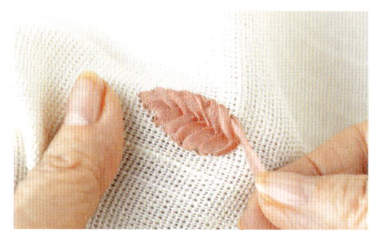

5. 最後に針を刺すとき、先端が細くなるように、リボンを少しねじります。

6. ねじったリボンの上に針を刺します。

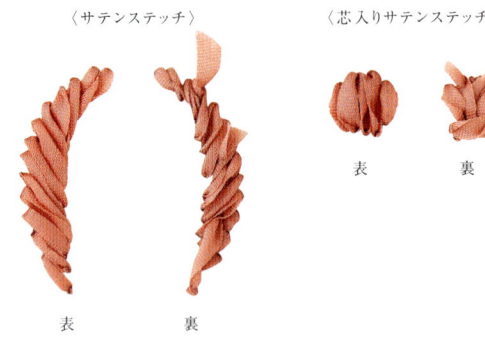

〈サテンステッチ〉　　〈芯入りサテンステッチ〉

表　　裏　　　　表　　裏

Satin stitch
サテンステッチ

面を埋めるステッチですが、リボンを使うと、刺しゅう糸より手早く埋められます。
中心に芯をつくれば、さらに立体感も出ます。
＊ここではNo.1540-3.5mmのリボンを使用しています。

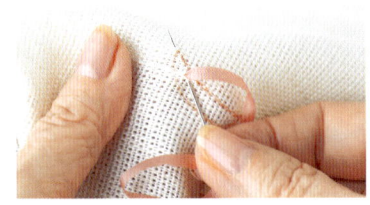  

1. 案内線を描きます。見えなくなる所に、捨て針（P.19参照）をして、案内線の先端から針を出します。

2. カーブの短い方から長い方に向けて、ひと針すくいます。リボンが撚れることもありますが、それがニュアンスにもなります。わざと撚りをかけて、細く仕上げることもあります。

3. 2の要領で刺し進めていき、最後に先端を細く仕上げたいときは、ねじったリボンの上から針を刺すといいでしょう。

〈芯入りサテンステッチ〉

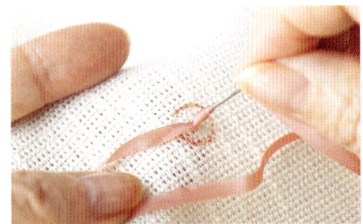 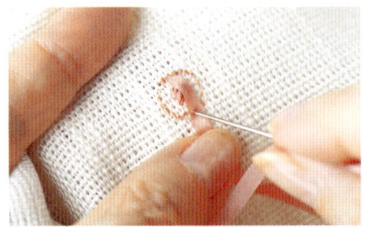 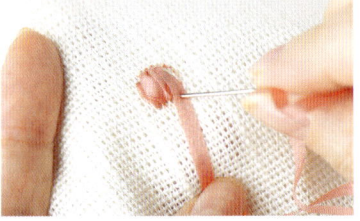

1. 案内線を描いてから、中心にフレンチ・ノット・ステッチ（P.24参照）を1回または、2回巻きして刺します。

2. 円のアウトラインに針を出し、リボンを1のフレンチ・ノット・ステッチの上を通り、反対側のアウトラインにかけて、リボンの中央に針を刺します。

3. 2から半分の面を外側に向かって刺し埋め、中心に戻って、反対も同じように刺し埋めます。

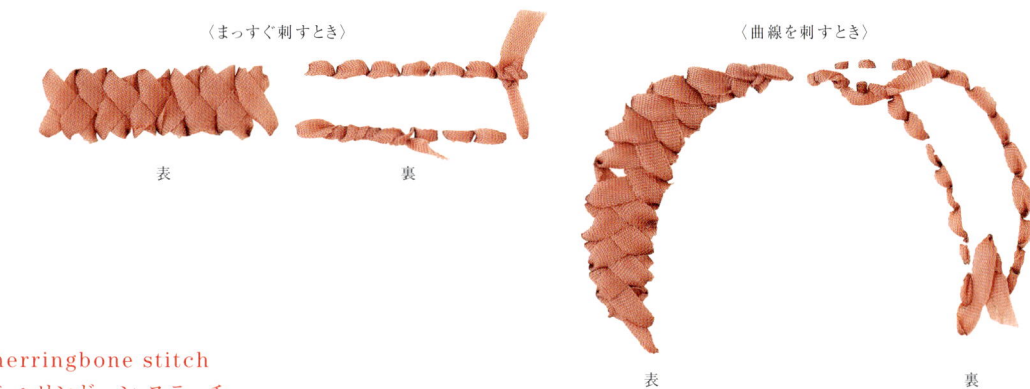

〈まっすぐ刺すとき〉　　　　　　　　　　　〈曲線を刺すとき〉

表　　　　　　　裏　　　　　　　　　　　　　表　　　　　　　裏

Closed herringbone stitch
クローズド・ヘリンボーン・ステッチ

杉綾（ヘリンボーン）の形で、目を細かく刺すステッチです。
上下交互に間隔を詰めて刺していきます。

＊ここではNo.1540-3.5mmのリボンを使用しています。

〈まっすぐ刺すとき〉

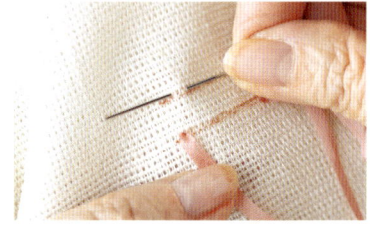  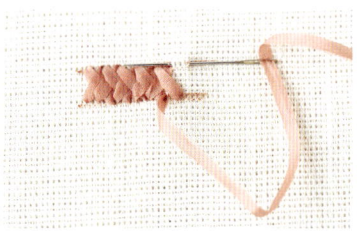

1. 2本平行に案内線を描きます。下段の端から針を出し、上段に先端へ戻るようにひと針すくいます。

2. 下段に、1と同様先端へ戻るようにひと針すくいます。

3. 上下交互に刺し進めます。リボンの幅と同じ、もしくは、ほんの少し広めの間隔で進めると面が埋まります。

〈曲線を刺すとき〉

1. 案内線を描きます。見えなくなる所に、捨て針（P.19参照）をして、案内線の先端から針を出します。長い方のアウトラインに針を入れ、3分の1返します。

2. リボンをまっすぐ落としたあたりの短い方のアウトラインで、ひと針すくいます。

3. 2の要領で上下交互に刺し進めます。最後に針を刺すとき、先端が細くなるように、リボンをねじり、リボンの上に針を刺します。

〈フレンチ・ノット・ステッチ〉 〈レージー・デージー・ステッチ〉 〈シードステッチ〉

1回巻き　2回巻き

French knot stitch & Lazy daisy stitch
フレンチ・ノット・ステッチ&レージー・デージー・ステッチ

フレンチ・ノット・ステッチは、結び目(ノット)のように、リボンを引っ掛けて結んだようなステッチ。
レージー・デージー・ステッチは、ひな菊(デージー)のような花びらの形をしたステッチです。
＊ここではNo.1540-3.5mmのリボンを使用しています。

〈フレンチ・ノット・ステッチ〉 1回巻き　　　　　　　　　　　　　　2回巻き

1. 針を出し、針にリボンを1回かけます。

2. 針を出した所の隣に刺し、針をたてて、片方の手でリボンを軽く引いて、形を整えながら抜きます。

針にリボンを2回かけます。1回巻きと同じ要領で、針を出した所の隣に刺します。

〈レージー・デージー・ステッチ〉

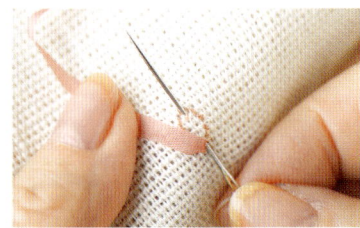  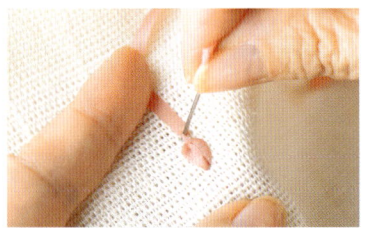

1. 案内線を描き、表に針を出し、針を出したすぐ横から上にひと針すくいます。針を抜くとき、リボンが針の下にあることを確かめましょう。

2. リボンを直角にたてて、揺すりながら引くと、形がきれいにできます。(さらにひと針目の輪の中に針を入れて、続けて刺していくと、チェーンステッチになります)。

3. 輪の上に針を刺します。リボンの中央に刺してもいいでしょう。(小さめに刺して、リボンを下にしっかり引いてから上に戻して刺すと、シードステッチになります〈上の写真を参照〉)。

〈茎(線)を刺すとき〉　　　　　　　〈花を刺すとき〉

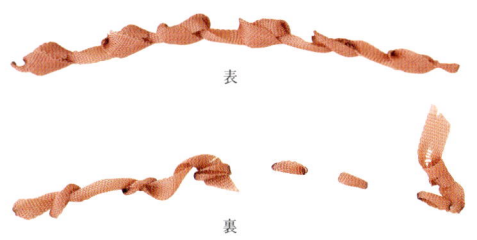

表　　　　　　　　裏　　　　　　　表　　　　　　裏

Twisted chain stitch
ツイスティド・チェーン・ステッチ

ねじって(ツイスティド)、鎖(チェーン)状に刺すステッチです。
立体感のある線や花を描くことができます。
＊ここではNo.1540-3.5mmのリボンを使用しています。

〈茎(線)を刺すとき〉

1. 案内線を描き、先端から針を出します。リボンを針の下にくるように片手で押さえて、針を出した所の少し上からひと針、進む方向に刺します。

2. ふたたびリボンを片手で押さえて、ひと針目の少し横からひと針すくいます。案内線の線上で針を出し入れします。

3. 最後は、リボンの上から針を刺してとめます。好みによって、リボンの中央に刺さなくてもかまいません。

〈花を刺すとき〉

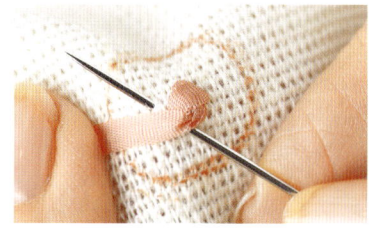  

1. 円の案内線を描き、中央に小さめのツイスティド・チェーン・ステッチを三角になるように3針刺して中心をつくります。

2. その周りをぐるぐると前の列にそわせるように、ツイスティド・チェーン・ステッチを刺します。このとき、リボンがよじれてもかまいません。

3. 最後は、リボンの奥の方の見えない所に針を刺します。

〈フライステッチ〉　　　　　　　　　　〈フェザーステッチ〉

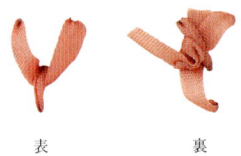
表　　　裏

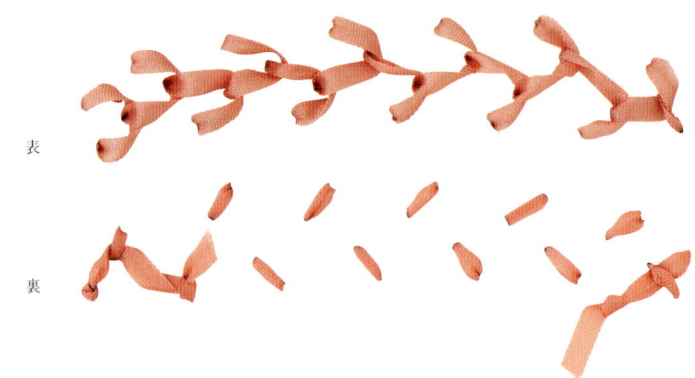
表

裏

Fly stitch & Feather stitch
フライステッチ&フェザーステッチ

Y形、もしくはV形に刺すフライステッチ。
それを続けて刺すと、羽のような形のフェザーステッチになります。
＊ここではNo.1540-3.5mmのリボンを使用しています。

〈フライステッチ〉

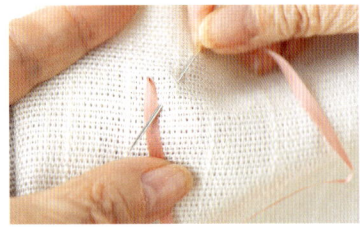  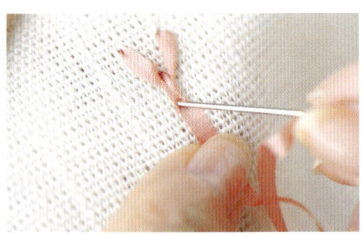

1. 針を出し、リボンを片手で押さえながら、V形になるように、ひと針すくいます。

2. リボンをそっと引き、V形に整えます。

3. リボンの中央に針を刺します。好みによって、リボンの中央に刺さなくてもいいです。

〈フェザーステッチ〉

 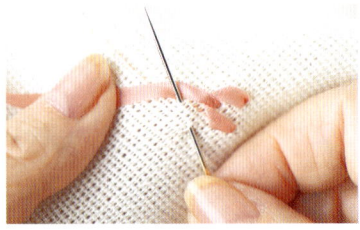 

1. 案内線を描き、端から針を出します。線の少し横に向かってひと針すくいます。このとき、いつもリボンは針の下にあるようにします。

2. 案内線をはさんで1で刺したステッチの反対側から線の少し横に向かってひと針すくいます。

3. 同じ要領で、案内線の左右交互に刺し進めます。

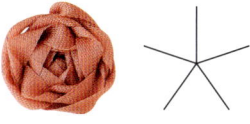

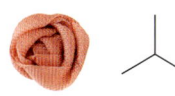

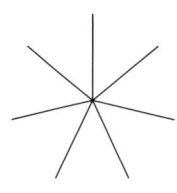

5本のとき　　　　　3本のとき　　　　　7本のとき

Spider web rose stitch
スパイダー・ウェブ・ローズ・ステッチ

クモの巣（スパイダー・ウェブ）かがりでローズを刺すステッチです。
奇数の数で放射状に刺した刺しゅう糸にリボンをかけます。
ここでは5本のときの場合で説明します。

＊ここではNo.1540-3.5mmのリボンと25番の刺しゅう糸6本どりを使用しています。

1. 放射状に案内線を描きます。25番刺しゅう糸6本どりで、捨て針（P.19参照）をしてからストレートステッチ（P.20参照）で放射状の土台を刺します。

2. 土台を刺したら、裏で玉留めをして、まわりの糸に絡めてから、糸をカットします。

3. リボンをニット地用の先が丸いタイプの針に通します。1の土台の中心から針を出し、放射状の刺しゅう糸のひとつに針をかけます。

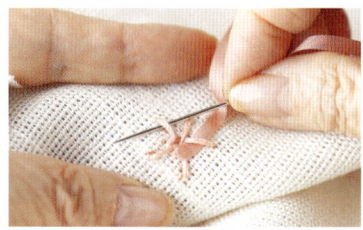

4. 針を刺した方向でひとつ置きに、土台の糸に針をかけていきます。

5. 同じ要領で、何周か刺しゅう糸に針をかけていきます。リボンに撚りをかけながらかけると、違った表情が出ます。

6. 土台の刺しゅう糸が見えなくなるまで針をかけます。最後は、リボンの奥の方の見えない所に針を刺します。

Chou-fleur stitch
シューフルールステッチ

7mm幅のリボンを20cmにカットしてわにする。

シューフルールとは、フランス語でカリフラワーのこと。リボンを縫い縮めてカリフラワーのような丸まった形をつくり、布に縫いとめて、立体的な花をつくります。

＊ここではNo.1540-7mmとNo.1540-3.5mmのリボンを使用しています。

表　　　裏

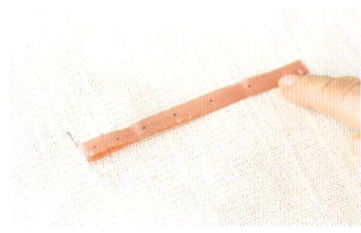

1. 7mm幅のリボンを使う場合、20cmにカットして、半分に折り、上の図のように印を付けます（リボンの幅によって長さと印の間隔は異なります）。

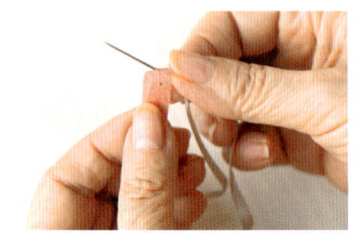

2. 玉留めをしない3.5mm幅の別のリボンを1のわの中央に刺します。

※画像左上「裏側」

3. 表側でフレンチ・ノット・ステッチ（P.24参照）をひとつつくり、裏側に針を通すとき、裏側のリボンの先端にも通します。

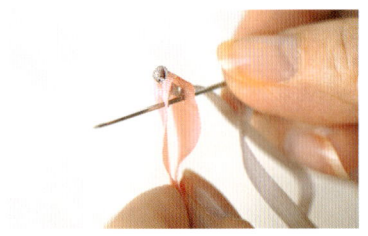

4. わのとなりの印に針を出し、わの所で二つ折りにして、針を出した所のすぐ下に2枚いっしょに針を刺します。

5. 4で刺した針の少し下から針を刺し、もう一方のリボンの次の印に針を出します。

6. 再び、4、5の手順を繰り返します。リボンの先端を内側に折り返し（上の図を参照）、最後の印に針を刺してから、折り返しのリボンとリボンの間に針を出します。

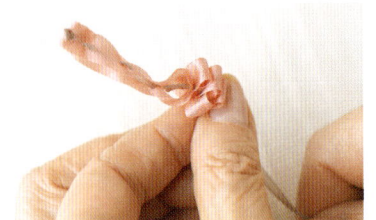

7. 刺し通したリボンの根元を押さえて、一方のリボンを引きます。

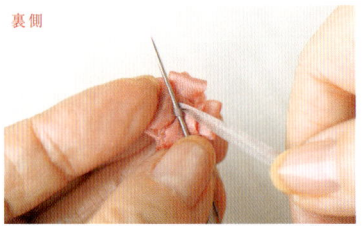

裏側

8. しっかり引っ張ったら、最後は花の裏側で玉結びをします。

9. 玉結びしたリボンをカットしないで、布の表から裏へ刺します。針を表に出して、レージー・デージー・ステッチ（P.24参照）を葉のようにふたつ刺すと、布に花がしっかり固定されます。

Old rose stitch
オールド・ローズ・ステッチ

オールドローズのような雰囲気のボリュームのあるステッチです。
幅の広いリボンを刺しゅう糸で縫いとめるので、
しっかりと布に固定されます。

＊ここではNo.1549-11mmのリボンと25番刺しゅう糸1本どりを使用しています。

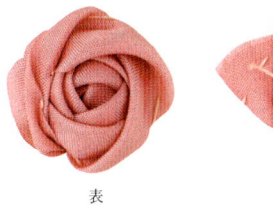

表　　　　裏

1．11mm幅のリボンを35cmカットして、針に通します。玉留めをしないで、針を出し、フレンチ・ノット・ステッチ（P.24参照）を刺します。

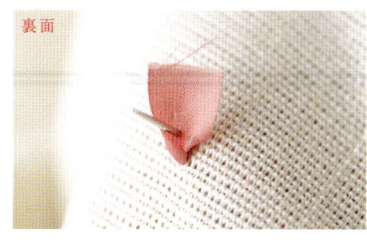

2．裏に針を通すとき、裏のリボンの先端にも通します。幅の広いリボンを使用するときは、こうするとゴロゴロしなくてすみます。

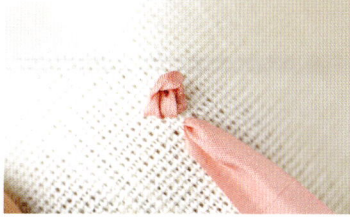

3．1のフレンチ・ノット・ステッチの根元に針を出します。

4．25番刺しゅう糸1本どりをできるだけ細い針に通します。3で出したリボンを斜めに折り、端の方に、刺しゅう糸を通した針を裏から出します。

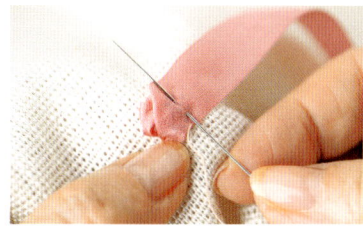

5．4の針で、折ったリボンの上をひと針すくいます。次にこの部分が手前にくるように布を持ち替えます。

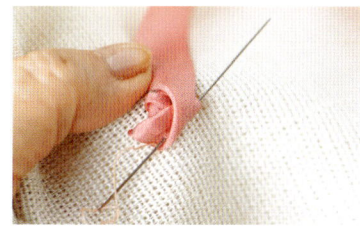

6．5の針を抜かないで、リボンを上に持ち上げ、斜めに折り、リボンをしっかり押さえながら針を抜きます。

7．折ったリボンの上からふた針くらいすくい、ふたたびリボンを折ってから針を抜くという繰り返しを数回します。リボンは同じ方向に形を整えながら折っていきます。

8．好みの大きさまで花びらができたら、リボンを折って、リボンの奥の方の見えない所にリボンの針を刺します。

9．刺しゅう糸もリボンの奥の方の見えない所に針を刺し、裏面でリボンの上から何針か縫って玉結びをします。

〈小さく刺すとき〉　　　　〈大きく刺すとき〉

表　　裏　　　　　表　　裏

Yukiko rose stitch
ユキコ・ローズ・ステッチ

リボンの幅や、縫い縮める長さによって、さまざまな表情ができる立体的なステッチです。
柔らかいリボンが向いています。

＊ここではNo.1540-3.5mmとNo.1540-7mmのリボンを使用しています。

〈小さく刺すとき〉

  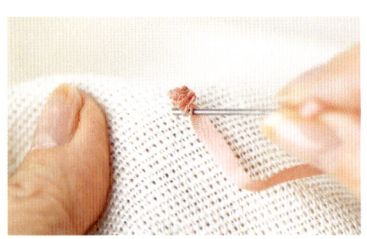

1. 3.5mm幅のリボンを使う場合、玉留めしたリボンの針を出し、リボンの根元からリボンの中央を2〜3cm縫います。

2. 針を抜いて、リボンを縮めます。このとき、同じリボンの中をリボンが通っています。

3. リボンをしっかり引いて形を整え、根元に針を入れます。根元が緩んだら、裏で引っ張って整えるといいでしょう。

〈大きく刺すとき〉

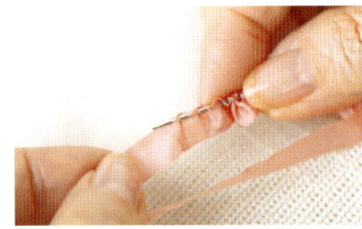  

1. 7mm幅のリボンを使う場合、先が丸くて長い針を使うといいでしょう。玉留めしたリボンの針を出し、リボンの根元からリボンの端を15cmほど縫います。

2. 針を抜いて、リボンを縮め、丸い花になるように形を整えたら、リボンの奥の方の見えない所に針を刺します。

3. 中央に針を出し、フレンチ・ノット・ステッチ(P.24参照)を刺します。

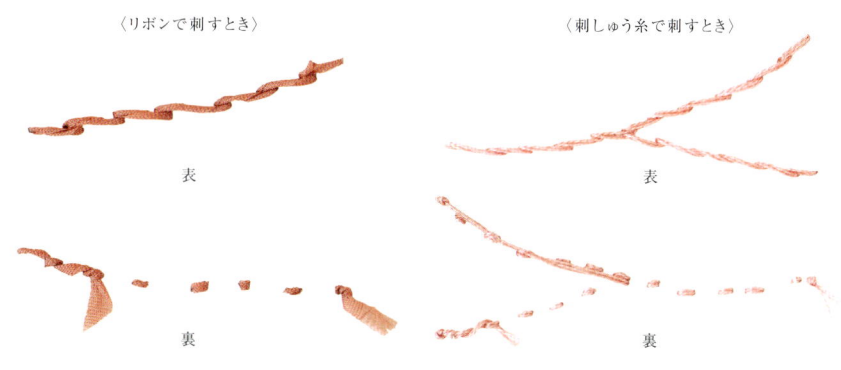

〈リボンで刺すとき〉　　　　　〈刺しゅう糸で刺すとき〉

表　　　　　　　　　　　表

裏　　　　　　　　　　　裏

Outline stitch
アウトラインステッチ

図案の輪郭（アウトライン）を刺すステッチです。
リボンで刺すときと、刺しゅう糸で、枝のようなラインを刺すときの方法を紹介します。
＊ここではNo.1540-3.5mmのリボンと25番刺しゅう糸3本どりを使用しています。

〈リボンで刺すとき〉

1. 案内線を描き、先端から針を出したら、リボンをくるくると撚ります。

2. 糸のようになるまで撚ったリボンを片手で斜め下に軽く押さえ、ひと針分の所に針を入れ、3分の1の長さだけ返します。

3. 同じ要領で、リボンの撚りがほどけないように、ステッチを進めていきます。

〈刺しゅう糸で刺すとき（枝分かれを刺すとき）〉

1. 案内線を描き、先端から針を出します。刺しゅう糸を片手で下に軽く押さえ、ひと針分の所に針を入れ、3分の1の長さだけ返し、ステッチを進めます。

2. 枝分かれのステッチをしたい所で、表のステッチの糸を割って針を出します。こうすると枝分かれが自然に見えます。

3. ふたたび、ひと針分の所に針を入れ、3分の1の長さだけ返し、ステッチを進めます。返しを長くすると、太くなります。

Column 2
着るものに刺すとき

　リボン刺しゅうは、かつてヨーロッパの貴族の衣装や身の回りの小物などに使われていたこともあり、セーターやカーディガンなど、着るものととても相性が良く、デザインによっては、可愛らしくも、また豪華にもなります。

　右ページのカラフルなカーディガンは、私がとても若かった頃に刺したものです。幾度もの洗濯で、かなり縮んでいますが、リボン刺しゅうの部分は美しいままです。当時のリボンは絹のみでした。図案は多分、少女の頃に「それいゆ」などの雑誌をよく見ていましたので、その影響を受けて、全面に大きな花を刺しました。

　リボン刺しゅうを刺したいとおっしゃる方の半数以上が、着るものに刺したいとおっしゃいます。自分だけのオリジナルを自分で刺して着るのは、素晴らしいことです。着るものにリボン刺しゅうをするときは、頻繁に洗濯することを考えて、それに耐えられるステッチを選び、刺し始めと刺し終わりをしっかり刺すことが重要です。小花を散らしたり、襟まわりに少し刺したりするのもポイントになって素敵です。

　カラフルなカーディガンのとなりにある無彩色のカーディガンは、新しく図案を起こし直して、現在のMOKUBAのリボンで刺したものです。刺しているステッチはどれもシンプルですが、同じ図案でもリボンや色によってかなり雰囲気が変わります。これがリボン刺しゅうの楽しさです。

Ribbon embroidery 2
ポイントになる刺しゅうのバリエーションを刺してみましょう

P.4からP.13で紹介した
バッグや着るものに刺す図案のバリエーションです。
同じステッチでも、リボンの種類や色によって印象も変わります。

Work 1

図案はP.36

図案はP.37

図案の見方

● 色の文字は、使用したリボンや刺しゅう糸の詳細です。
P.34～101の作品と図案は、実物大です。

ストレートS　　　← ステッチの種類。Sは、ステッチの略。または、リボンの名前（例：フローラルテープ）。
1540-3.5mm　　← MOKUBAのリボンの種類。または、刺しゅう糸の種類と本数（例：25番　3本どり）。
112　　　　　　← リボンはMOKUBA、刺しゅう糸はDMCの色番号。

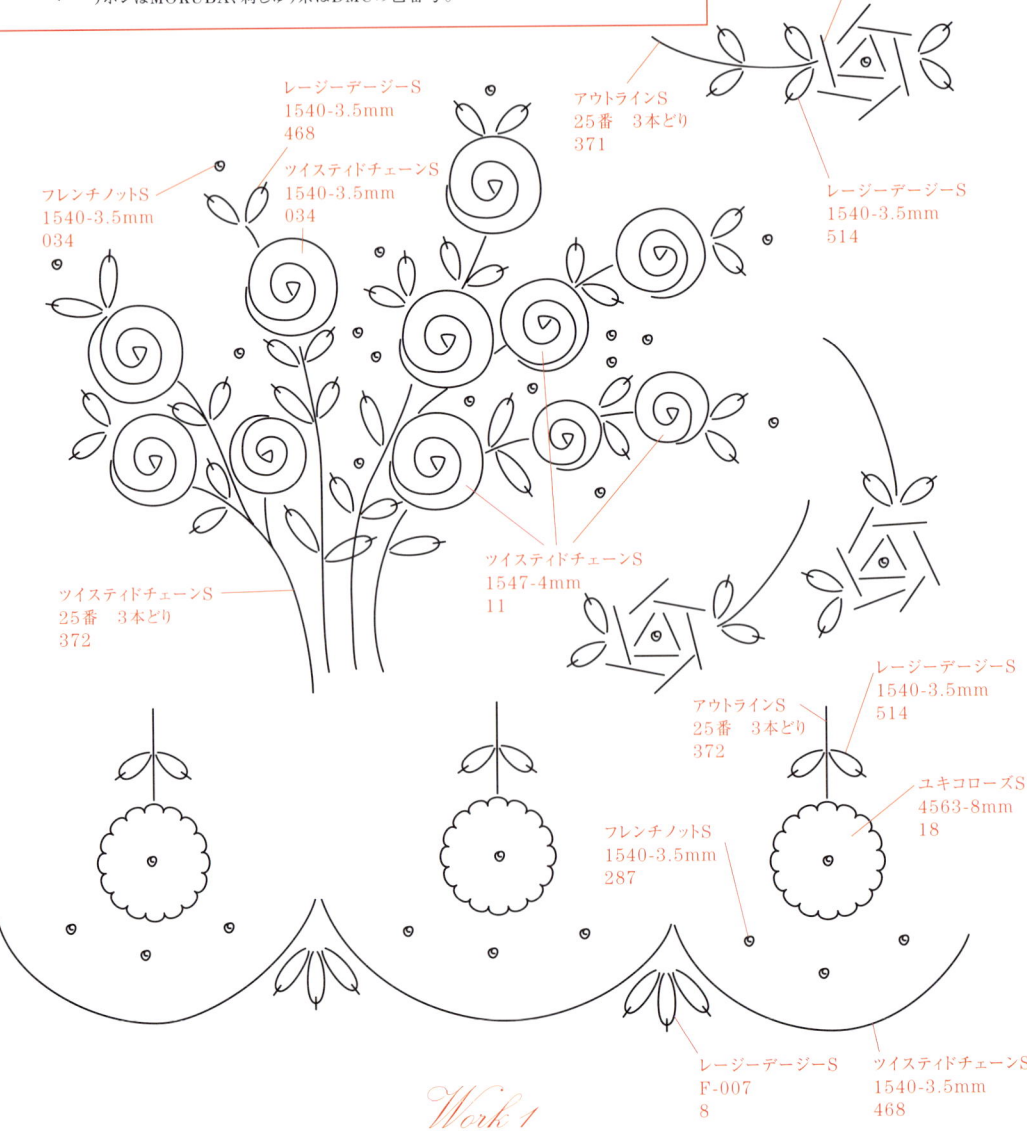

Work 1

P.34の図案

＊自分の作品として、イニシャルをどこかに刺してもいいでしょう。

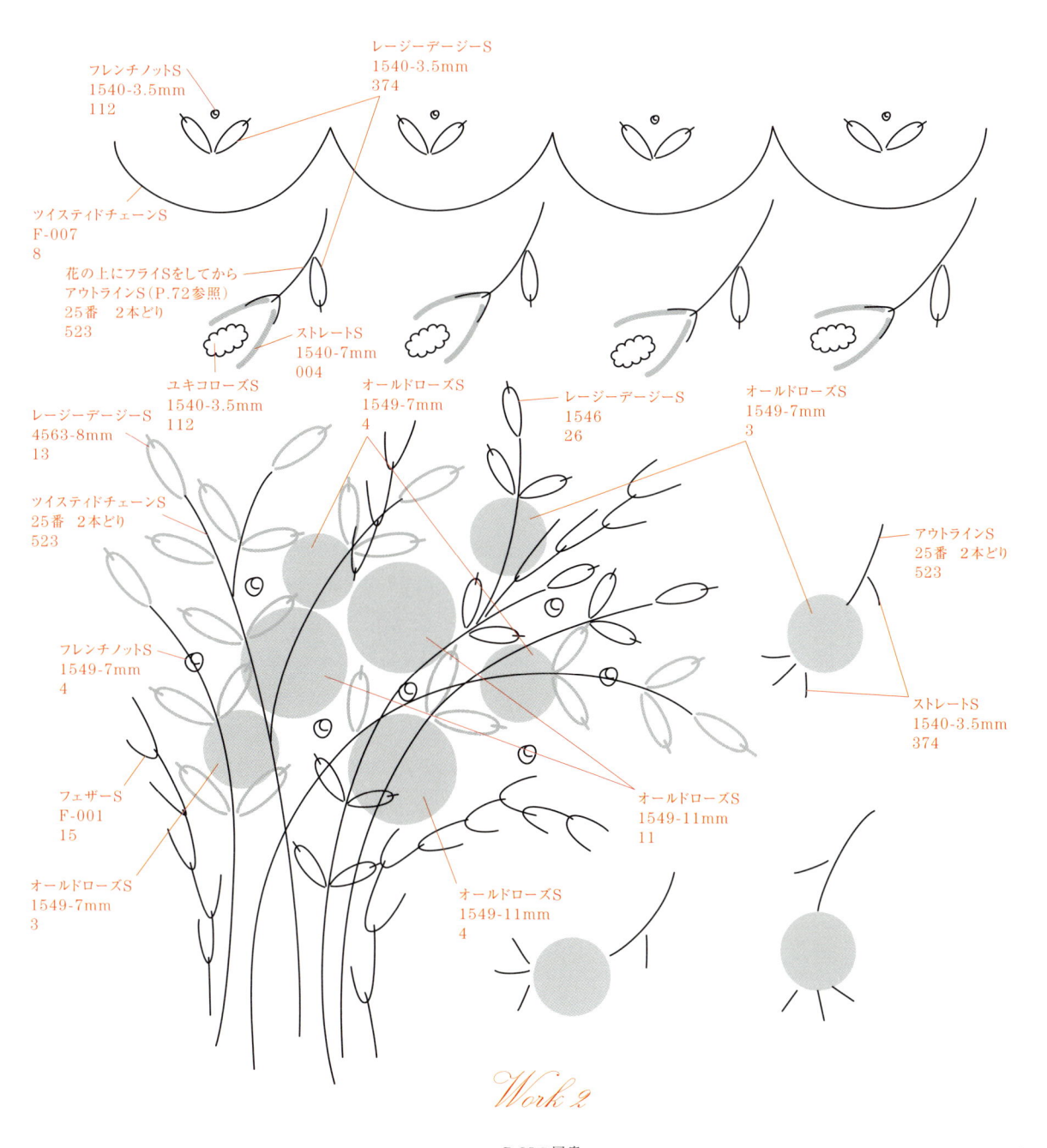

フレンチノットS
1540-3.5mm
112

レージーデージーS
1540-3.5mm
374

ツイステッドチェーンS
F-007
8

花の上にフライSをしてから
アウトラインS（P.72参照）
25番　2本どり
523

ストレートS
1540-7mm
004

ユキコローズS
1540-3.5mm
112

オールドローズS
1549-7mm
4

レージーデージーS
1546
26

オールドローズS
1549-7mm
3

レージーデージーS
4563-8mm
13

ツイステッドチェーンS
25番　2本どり
523

アウトラインS
25番　2本どり
523

フレンチノットS
1549-7mm
4

ストレートS
1540-3.5mm
374

フェザーS
F-001
15

オールドローズS
1549-11mm
11

オールドローズS
1549-7mm
3

オールドローズS
1549-11mm
4

Work 2

P.35の図案

38 　　　　　図案はP.40

図案はP.41

フェザーS
F-008
3

フェザーS
1547-4mm
11

レージーデージーS
1547-4mm
29

フレンチノットS
1540-3.5mm
071

フェザーS
1545
2

フレンチノットS
1545
5

フェザーS
1541
162

フレンチノットS
4563-8mm
18

レージーデージーS
1547-4mm
29

フェザーS
1540-3.5mm
465

フレンチノットS
1542
8

フェザーS
F-007
3

フェザーS
1540-3.5mm
071

フェザーS
1500-5mm
40

フェザーS
1540-3.5mm
112

レージーデージーS
1542
8

フレンチノットS
1540-3.5mm
112

フェザーS
F-001
91

フレンチノットS
1545
2

フェザーS
F-008
3

レージーデージーS
1540-3.5mm
071

Work 3

P.38の図案

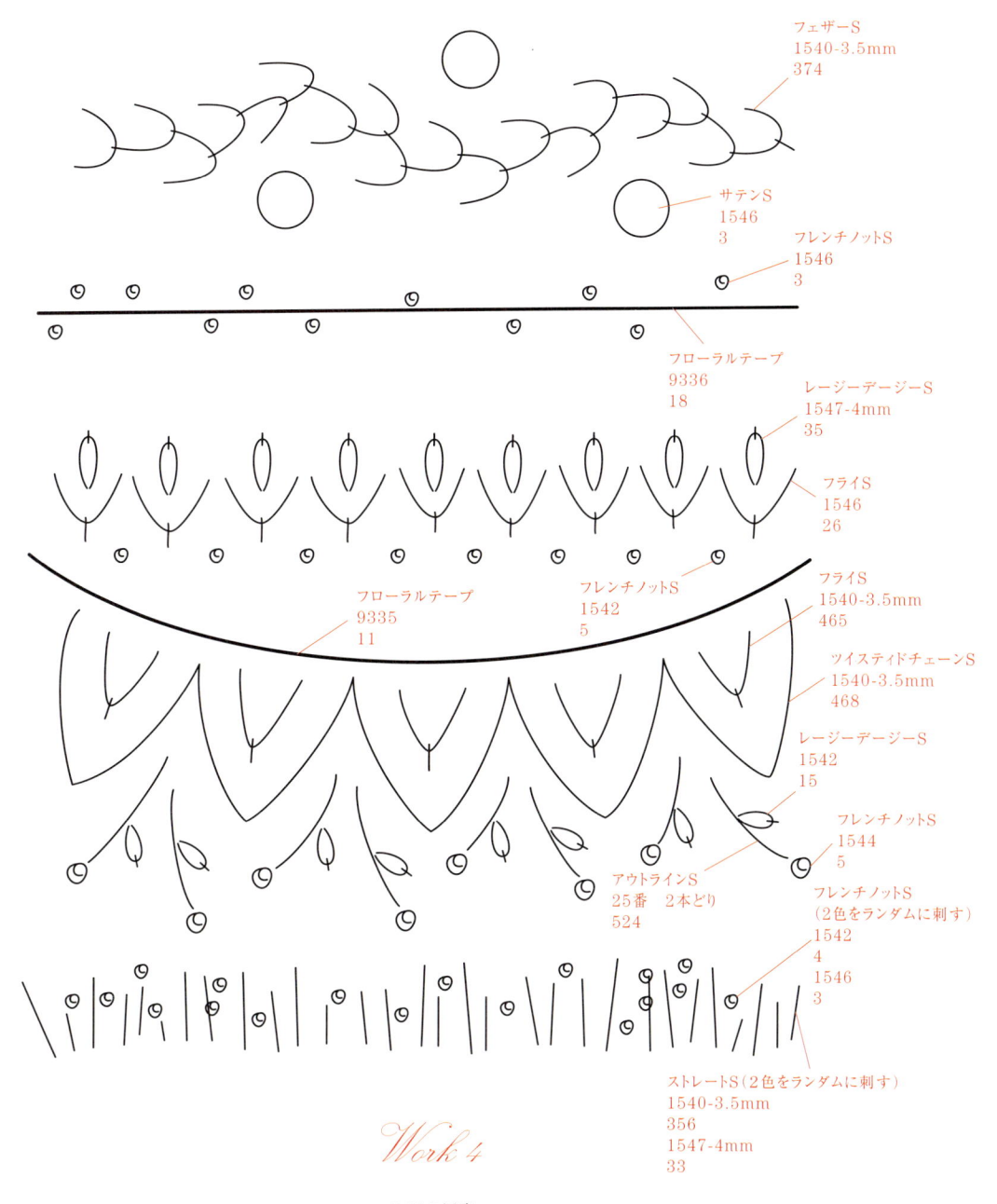

＊フローラルテープは、星止め（小さな針目で返し縫いすること）
してから、周りに刺しゅうします。

フェザーS
1540-3.5mm
374

サテンS
1546
3

フレンチノットS
1546
3

フローラルテープ
9336
18

レージーデージーS
1547-4mm
35

フライS
1546
26

フローラルテープ
9335
11

フレンチノットS
1542
5

フライS
1540-3.5mm
465

ツイスティドチェーンS
1540-3.5mm
468

レージーデージーS
1542
15

フレンチノットS
1544
5

アウトラインS
25番　2本どり
524

フレンチノットS
（2色をランダムに刺す）
1542
4
1546
3

ストレートS（2色をランダムに刺す）
1540-3.5mm
356
1547-4mm
33

Work 4

P.39の図案

Work 5

図案はP.43

＊フローラルテープは、星止め（小さな針目で返し縫いすること）
してから、周りに刺しゅうします。

フレンチノットS
1541
063

ストレートローズS
内側　1541
　　　063
外側　1546
　　　2

レージーデージーS
1540-3.5mm
356

フレンチノットS
1544
5

ストレートS
1540-3.5mm
374

ユキコローズS
1542
4

フローラルテープ
9335
11

アウトラインS
25番　2本どり
612

フレンチノットS
1540-3.5mm
374

レージーデージーS
1540-3.5mm
374

ツイスティドチェーンS
1542
15

ストレートローズS
内側　1541
　　　102
外側　1544
　　　5

クローズドヘリンボーンS
1542
15

ストレートローズS
内側　1541
　　　102
外側　1544
　　　3

アウトラインS
25番　2本どり
642

Work 5

P.42の図案

Column 3
作品に合う図案やステッチを選ぶとき

　リボン刺しゅうは、装飾性に富んだ優雅な刺しゅうです。日常的に使うものに刺すことも、絵画のような額に刺すこともでき、それにより図案も大きく変わります。また、使用するものと、見て楽しむものとでは、刺し方や選ぶリボンも違ってきます。いずれにしても、そこにリボン刺しゅうがあることで、持っていて、使っていて、ただ見ていても心が和んだり、楽しくなったり、微笑むことができれば、こんなに良いことはないと思います。

　右ページのリボン刺しゅうは、持ち運べるお針箱として、その機能を持ったソーイングケースです。針仕事が楽しくなるようにと、もの作りの人たちに人気のアイテムです。この場合、よく使うステッチでも、より気を付けて刺し、リボンもおしゃれでしっかりしたものを選んでいます。

　図案は、作るものの大きさにより、ほんの少し刺したいのか、全面いっぱいに刺したいのかで、大きさを変えます。まず、トレーシングペーパーに描いたり、写したりしたものを、刺したいもの、布やセーターなどの上に置いて、配置をよく確かめてから、刺しゅうの作業に取りかかります。そして同時に使用するステッチや、リボンにも思いを馳せます。

　本の中の実物大の図案を利用する場合は、できるだけその大きさで刺しましょう。図案の拡大や縮小をすると、指定のリボンでは使いにくくなることがあります。ここでは、参考になる図案をご紹介していますが、ある程度習得したら、図案にこだわらないで、自由に刺してみるのも楽しいです。

45

Ribbon embroidery 3
よく使うステッチのバリエーションを刺してみましょう

Fishbone stitch
フィッシュボーンステッチ

ひとつのステッチを覚えられたら、
配置の仕方次第で、いろいろな図案ができます。
図案をそのまま写してもいいですが、
ほんの少し、向きを変えても、意外な図案ができるでしょう。

Work 6

図案はP.48

Work 7

図案はP.49

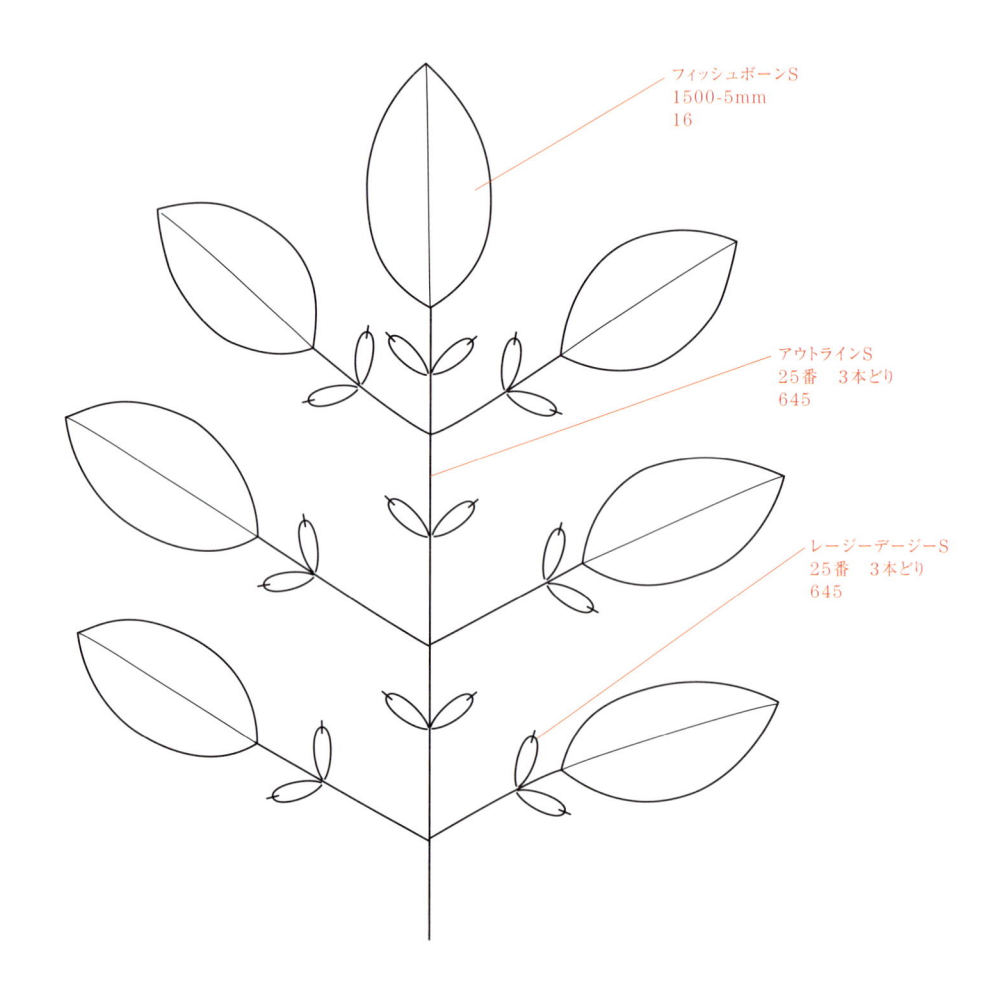

フィッシュボーンS
1500-5mm
16

アウトラインS
25番　3本どり
645

レージーデージーS
25番　3本どり
645

Work 6

P.46の図案

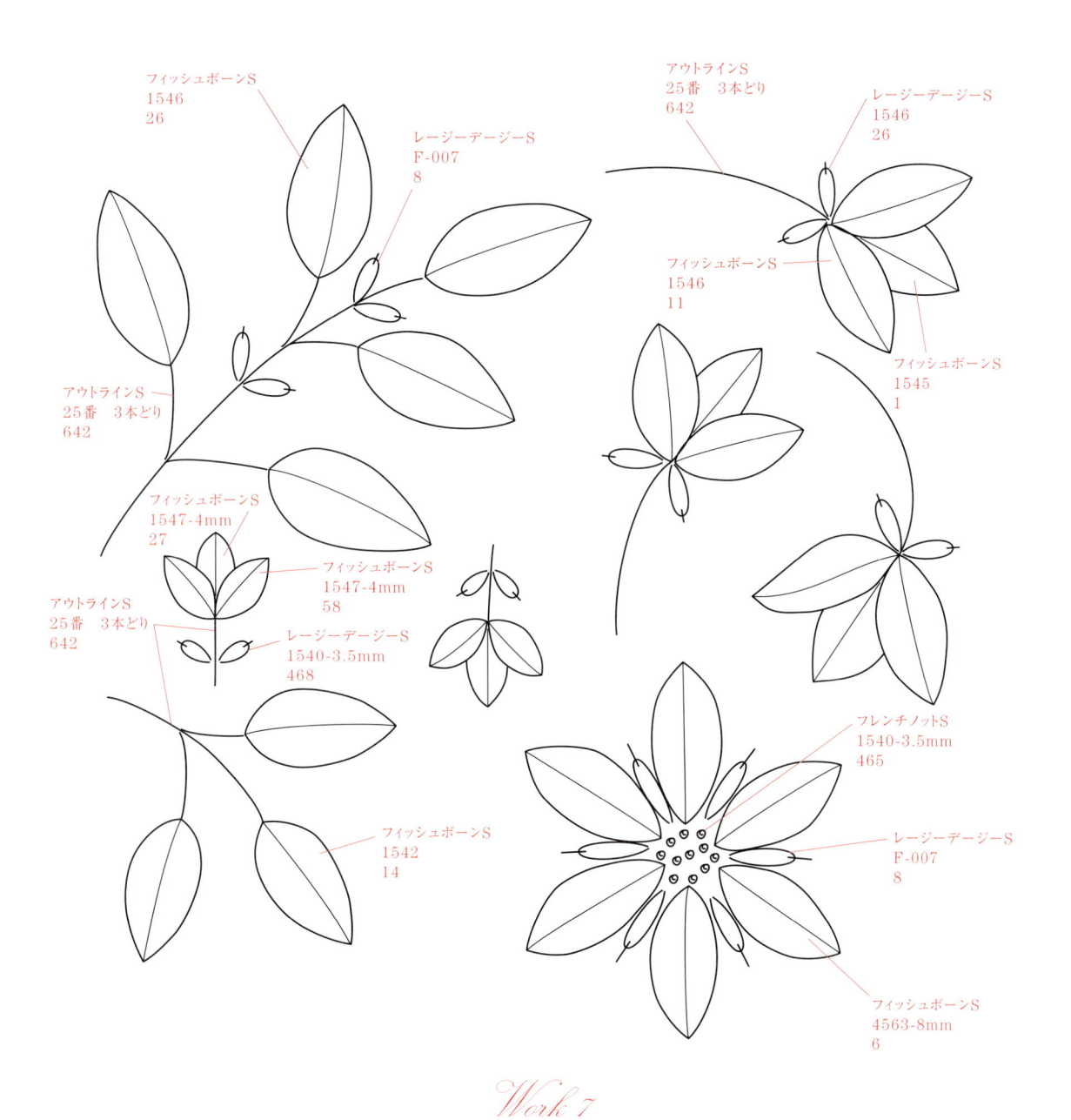

フィッシュボーンS
1546
26

レージーデージーS
F-007
8

アウトラインS
25番　3本どり
642

レージーデージーS
1546
26

フィッシュボーンS
1546
11

フィッシュボーンS
1545
1

アウトラインS
25番　3本どり
642

フィッシュボーンS
1547-4mm
27

フィッシュボーンS
1547-4mm
58

レージーデージーS
1540-3.5mm
468

アウトラインS
25番　3本どり
642

フレンチノットS
1540-3.5mm
465

レージーデージーS
F-007
8

フィッシュボーンS
1542
14

フィッシュボーンS
4563-8mm
6

Work 7

P.47の図案

49

Satin stitch
サテンステッチ

Work 8

図案はP.52

Work 9

図案はP.53

サテンS
1540-3.5mm
556

サテンS
1540-3.5mm
552

アウトラインS
25番　3本どり
3032

Work 8

P.50の図案

ユキコローズS
1542
5

サテンS
1547-4mm
29

レージーデージーS
1547-4mm
27

フレンチノットS
1547-4mm
43

フレンチノットS
1547-4mm
29

サテンS
1547-4mm
27

アウトラインS
25番 2本どり
3023

サテンS
1547-4mm
58

サテンS
1547-4mm
35

フレンチノットS
1547-4mm
29

アウトラインS
25番 2本どり
3023

サテンS
1547-4mm
29

サテンS
1547-4mm
27

ストレートS
1547-4mm
58

アウトラインS
25番 2本どり
3023

サテンS
1547-4mm
35

ストレートS
1547-4mm
35

ストレートS
1547-4mm
27

フレンチノットS
1547-4mm
43

ストレートS
1547-4mm
27

アウトラインS
25番 2本どり
3023

ストレートS
1547-4mm
29

*小花を刺す場合、ストレートSひと針で、花びらを刺すことができますが、リボンが細くなると花びらが小さくなるので、さらにストレートSを重ねます。こうすると、サテンSと同じようになります。

Work 9

P.51の図案

Twisted chain stitch
ツイスティド・チェーン・ステッチ

Work 10

図案はP.56

Work 11

図案はP.57

ツイスティドチェーンS
内側　1500-11mm
　　　3
外側　1500-11mm
　　　19

ツイスティドチェーンS
内側　1500-11mm
　　　19
外側　1500-11mm
　　　21

フレンチノットS
1500-11mm
21

アウトラインS
25番　3本どり
645

フィッシュボーンS
1546
26

フィッシュボーンS
1546
27

Work 10

P.54の図案

ツイスティドチェーンS
内側　1547-4mm
　　　58
外側　1547-4mm
　　　57

フレンチノットS
1547-4mm
28

ツイスティドチェーンS
1547-4mm
58

レージーデージーS
F-007
8

レージーデージーS
1540-3.5mm
552

ツイスティドチェーンS
F-007
8

ツイスティドチェーンS
内側　1547-4mm
　　　57
外側　1547-4mm
　　　58

ツイスティドチェーンS
25番　2本どり
3023

レージーデージーS
1547-4mm
58

ツイスティドチェーンS
1547-4mm
27

ツイスティドチェーンS
1547-4mm
57

フレンチノットS
1547-4mm
29

ツイスティドチェーンS
1547-4mm
28

フレンチノットS
1547-4mm
28

ツイスティドチェーンS
1547-4mm
28

ツイスティドチェーンS
1547-4mm
25

ストレートS
1540-3.5mm
552

ツイスティドチェーンS
1540-3.5mm
552

ツイスティドチェーンS
1547-4mm
58

Work 11

P.55の図案

Spider web rose stitch
スパイダー・ウェブ・ローズ・ステッチ

Work 12

図案はP.60

Work 13

図案はP.61

*Work 12、13のスパイダーウェブローズSの土台の刺しゅう糸は、花の大きさにより、3本どり、または4本どりでストレートSを刺します。色は花の色と似た色、またはECRUという色を使います。

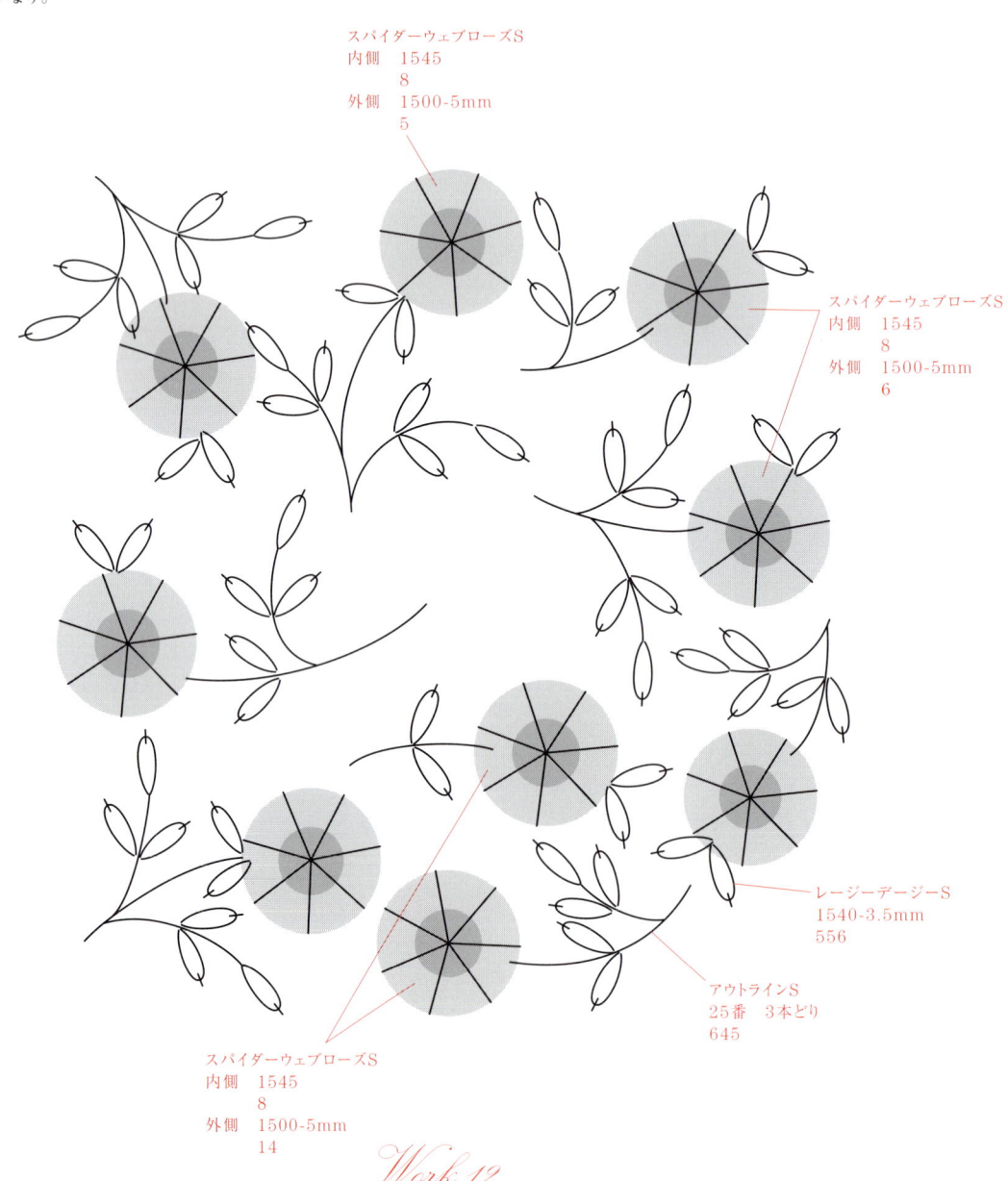

スパイダーウェブローズS
内側　1545
　　　8
外側　1500-5mm
　　　5

スパイダーウェブローズS
内側　1545
　　　8
外側　1500-5mm
　　　6

レージーデージーS
1540-3.5mm
556

アウトラインS
25番　3本どり
645

スパイダーウェブローズS
内側　1545
　　　8
外側　1500-5mm
　　　14

Work 12

P.58の図案

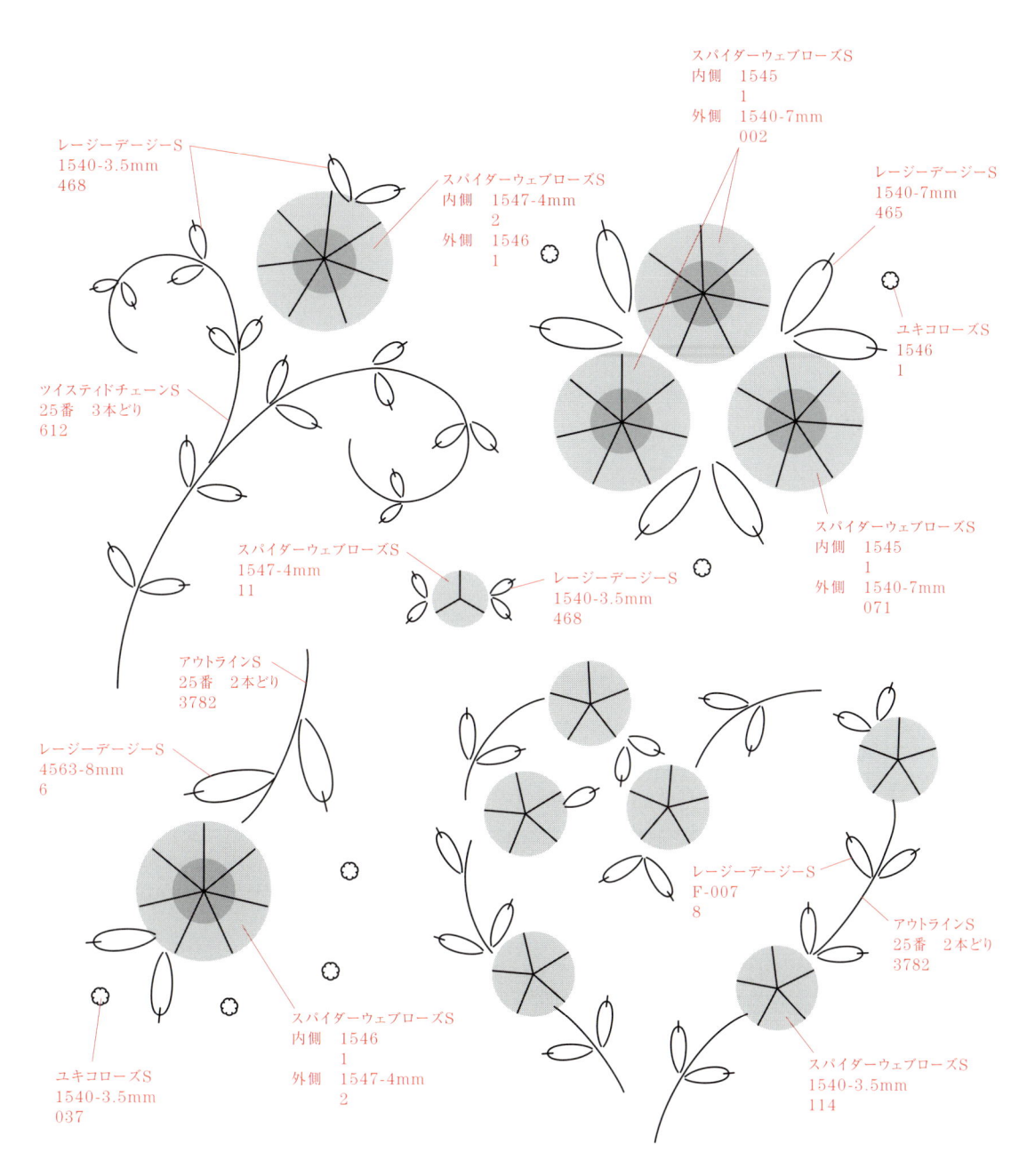

レージーデージーS
1540-3.5mm
468

スパイダーウェブローズS
内側　1547-4mm
　　　2
外側　1546
　　　1

スパイダーウェブローズS
内側　1545
　　　1
外側　1540-7mm
　　　002

レージーデージーS
1540-7mm
465

ツイステドチェーンS
25番　3本どり
612

ユキコローズS
1546
1

スパイダーウェブローズS
内側　1547-4mm
　　　11

レージーデージーS
1540-3.5mm
468

スパイダーウェブローズS
内側　1545
　　　1
外側　1540-7mm
　　　071

アウトラインS
25番　2本どり
3782

レージーデージーS
4563-8mm
6

レージーデージーS
F-007
8

アウトラインS
25番　2本どり
3782

ユキコローズS
1540-3.5mm
037

スパイダーウェブローズS
内側　1546
　　　1
外側　1547-4mm
　　　2

スパイダーウェブローズS
1540-3.5mm
114

Work 13

P.59の図案

Ribbon embroidery 4
絵画のような花の図案を刺してみましょう

刺しゅうは、着るものや雑貨、インテリアに刺す楽しみ方の他に、
絵画のように飾る楽しみ方もあります。
咲いている花々のスケッチや、植物図鑑を参考に、
いくつか図案を描いてみましょう。
その上で、どのリボンで、どのステッチを使ったら…と、
考えるのも楽しいひとときです。

Work 14

図案はP.64

Work 15

図案はP.65

＊写真の作品のように、イニシャルを刺してもいいでしょう。

ユキコローズS
1547-4mm
20

レージーデージーS
1547-4mm
20

フレンチノットS
1547-4mm
44

ユキコローズS
1547-4mm
13

レージーデージーS
1547-4mm
13

アウトラインS
25番　2本どり
3053

サテンS
1542
14

サテンS
1540-3.5mm
374

フェザーS
F-008
3

Work 14

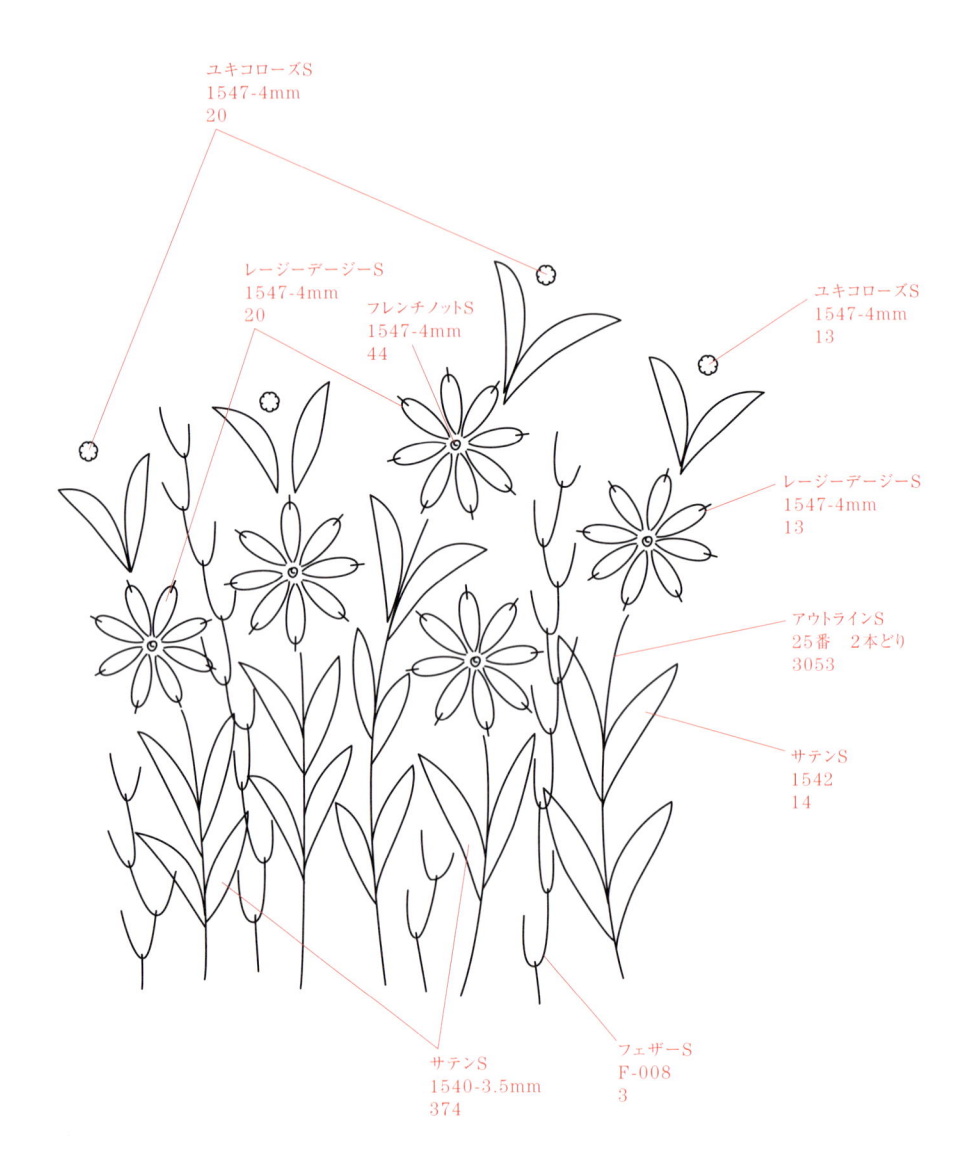

P.62の図案

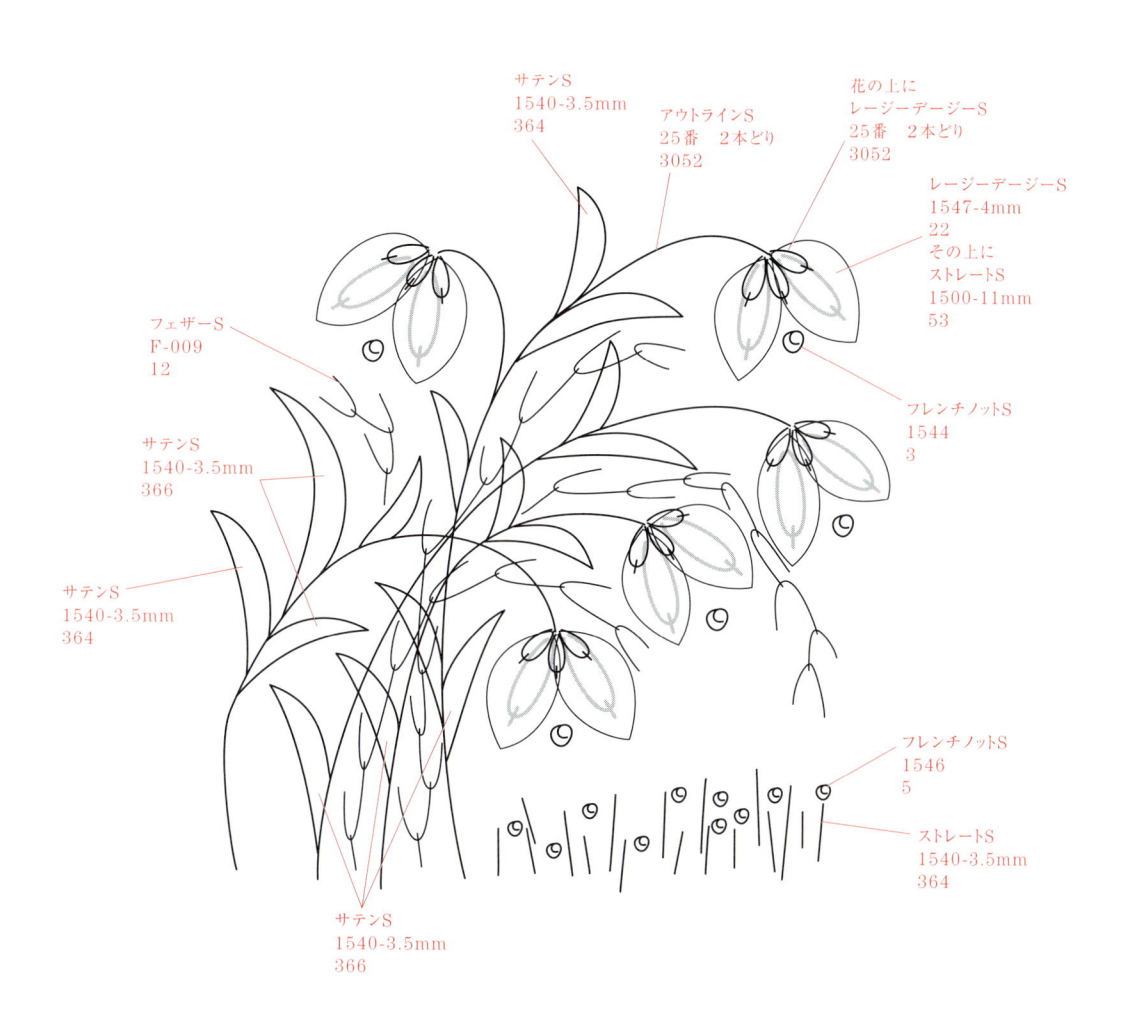

サテンS
1540-3.5mm
364

アウトラインS
25番　2本どり
3052

花の上に
レージーデージーS
25番　2本どり
3052

レージーデージーS
1547-4mm
22
その上に
ストレートS
1500-11mm
53

フェザーS
F-009
12

サテンS
1540-3.5mm
366

フレンチノットS
1544
3

サテンS
1540-3.5mm
364

フレンチノットS
1546
5

ストレートS
1540-3.5mm
364

サテンS
1540-3.5mm
366

Work 15

P.63の図案

Work 16

図案はP.68

Work 17

図案はP.69

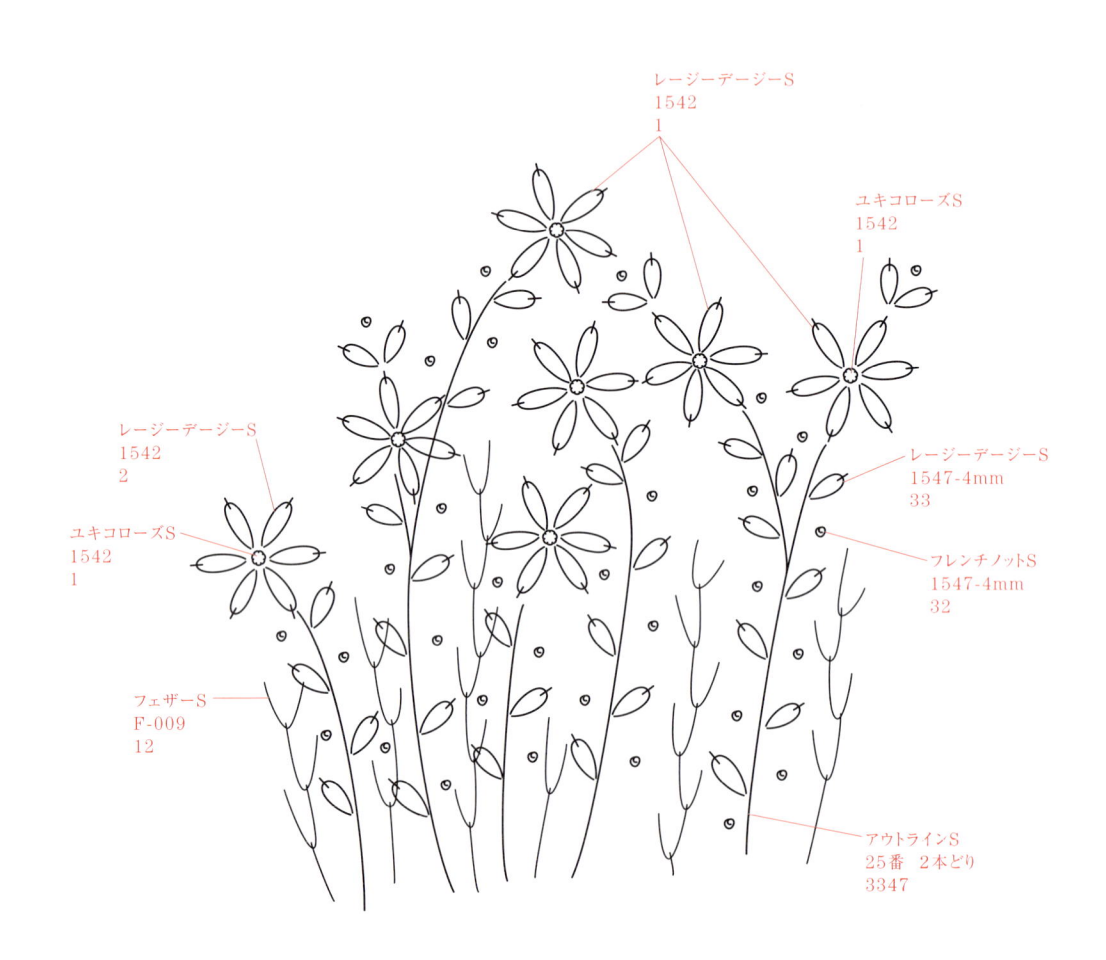

レージーデージーS
1542
1

ユキコローズS
1542
1

レージーデージーS
1542
2

ユキコローズS
1542
1

フェザーS
F-009
12

レージーデージーS
1547-4mm
33

フレンチノットS
1547-4mm
32

アウトラインS
25番　2本どり
3347

Work 16

P.66の図案

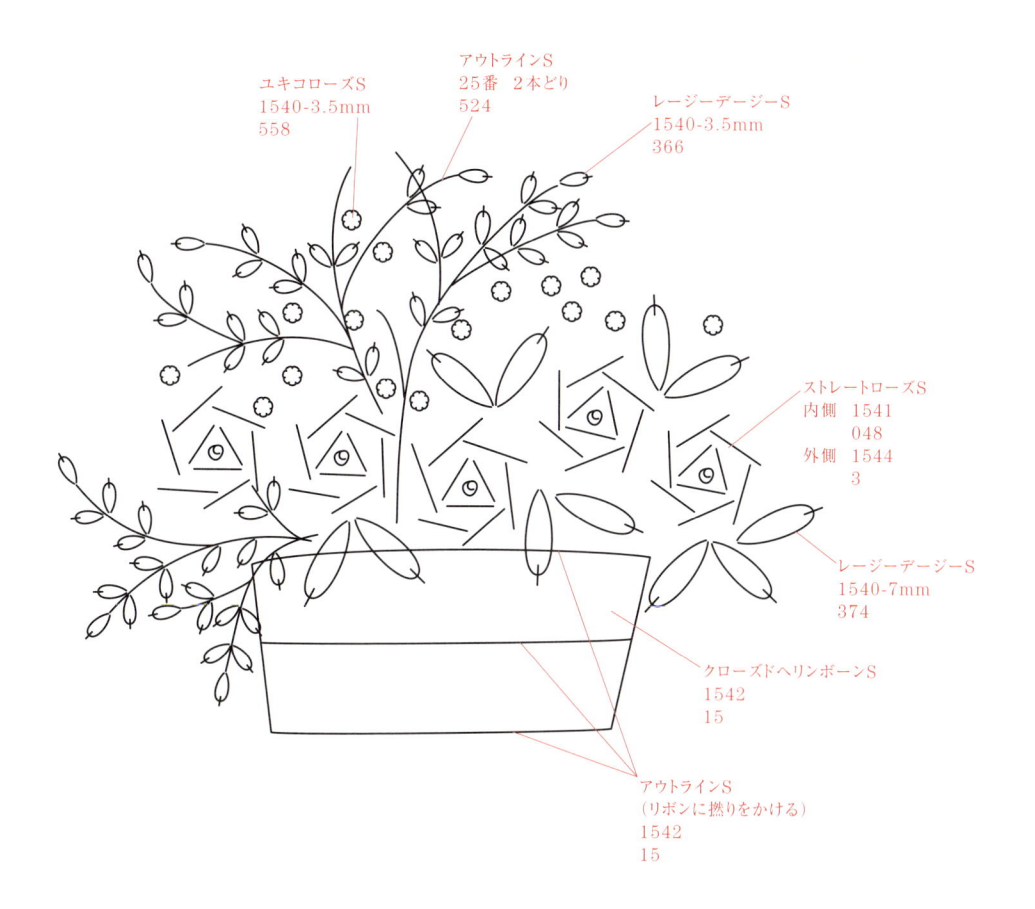

ユキコローズS
1540-3.5mm
558

アウトラインS
25番 2本どり
524

レージーデージーS
1540-3.5mm
366

ストレートローズS
内側　1541
　　　048
外側　1544
　　　3

レージーデージーS
1540-7mm
374

クローズドヘリンボーンS
1542
15

アウトラインS
（リボンに撚りをかける）
1542
15

Work 17

P.67の図案

Work 18

図案はP.72

Work 19

図案はP.73

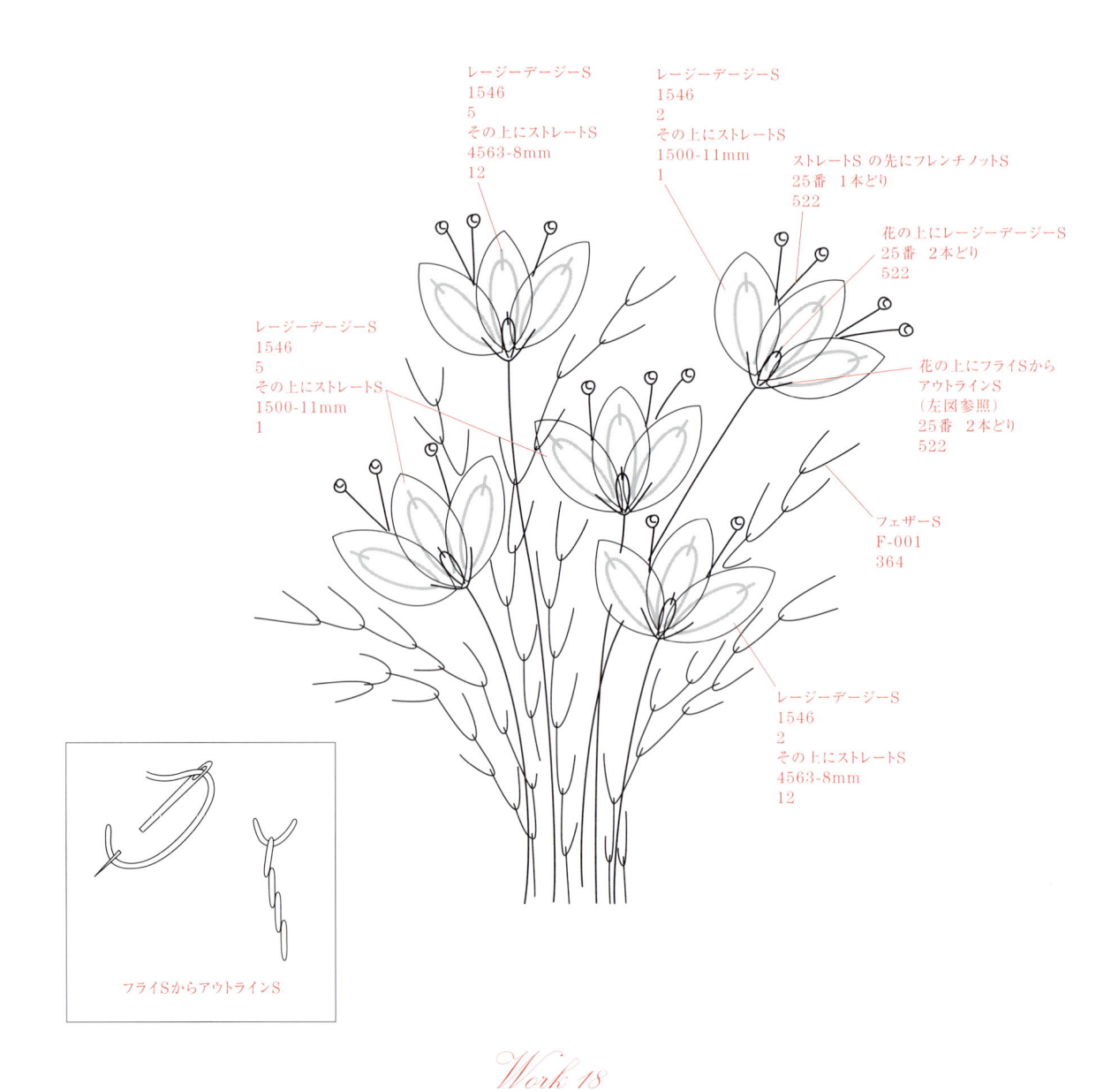

＊プリーツサテンリボン（No.0492-6mm 12）を蝶結びにして、
花を束ねたあたりに縫いとめます。

レージーデージーS
1546
5
その上にストレートS
4563-8mm
12

レージーデージーS
1546
2
その上にストレートS
1500-11mm
1

ストレートS の先にフレンチノットS
25番 1本どり
522

花の上にレージーデージーS
25番 2本どり
522

レージーデージーS
1546
5
その上にストレートS
1500-11mm
1

花の上にフライSから
アウトラインS
（左図参照）
25番 2本どり
522

フェザーS
F-001
364

レージーデージーS
1546
2
その上にストレートS
4563-8mm
12

フライSからアウトラインS

Work 18

P.70の図案

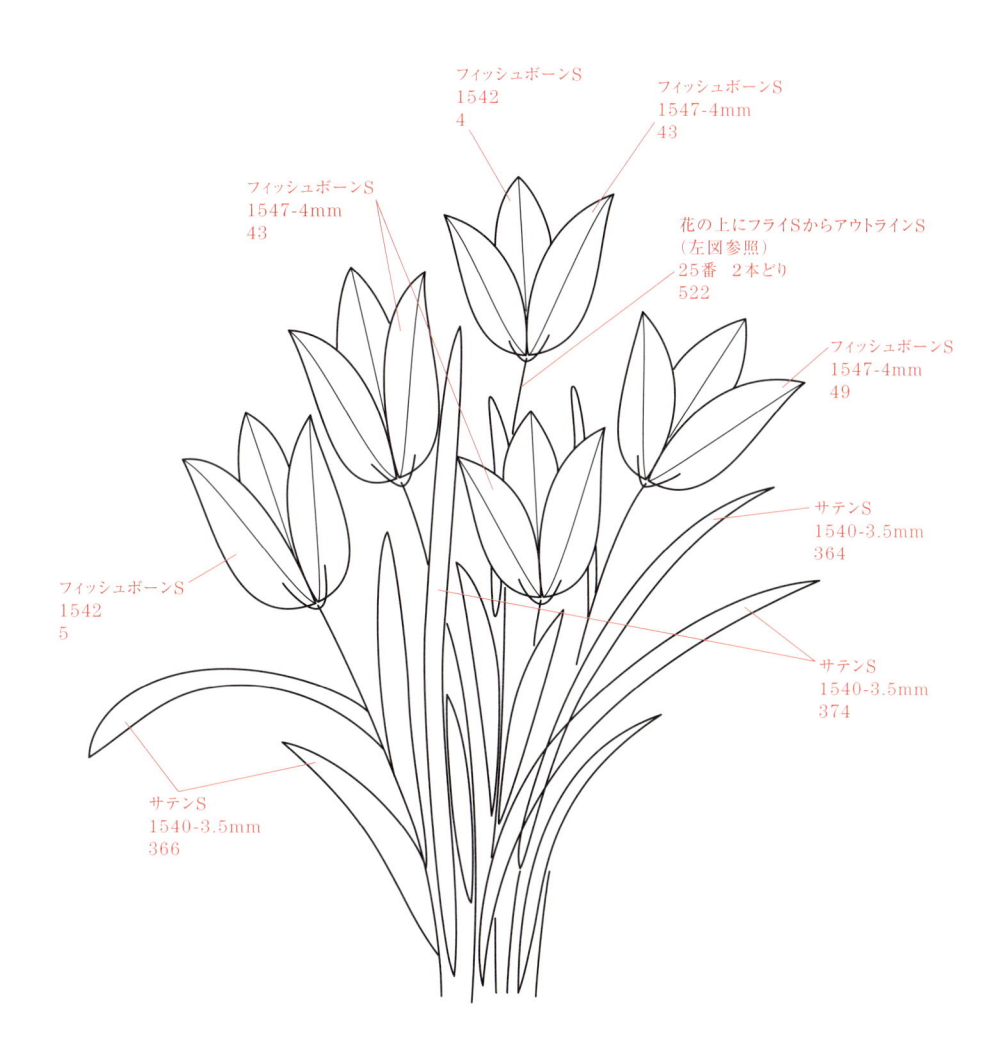

＊プリーツオーガンジーリボン（No.4601-15mm 1）を蝶結び
にして、花を束ねたあたりに縫いとめます。

フィッシュボーンS
1542
4

フィッシュボーンS
1547-4mm
43

フィッシュボーンS
1547-4mm
43

花の上にフライSからアウトラインS
（左図参照）
25番　2本どり
522

フィッシュボーンS
1547-4mm
49

フィッシュボーンS
1542
5

サテンS
1540-3.5mm
364

サテンS
1540-3.5mm
374

サテンS
1540-3.5mm
366

Work 19

P.71の図案

Work 20

図案はP.76

Work 21

図案はP.76

Work 22

図案はP.77

Work 23

図案はP.77

75

＊Work20〜23に使用しているオーガンジーリボンは薄いので、図案の形通りに切るのは難しい生地です。だいたい図案のような形になればいいでしょう。花の茎の部分をすべて刺してから、オーガンジーリボンをのせ、その上から器のアウトラインを刺します。

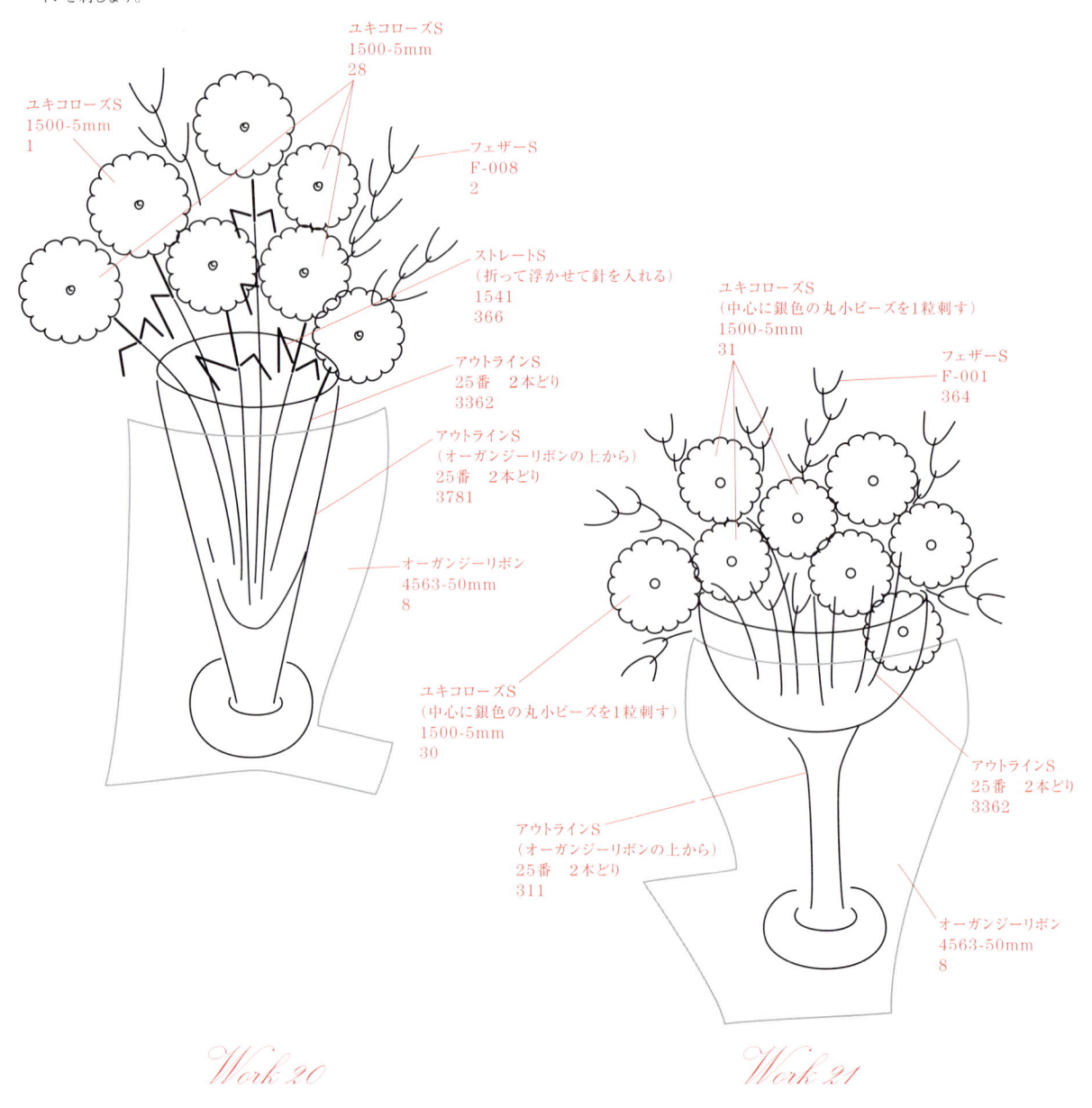

Work 20

- ユキコローズS 1500-5mm 1
- ユキコローズS 1500-5mm 28
- フェザーS F-008 2
- ストレートS（折って浮かせて針を入れる）1541 366
- アウトラインS 25番 2本どり 3362
- アウトラインS（オーガンジーリボンの上から）25番 2本どり 3781
- オーガンジーリボン 4563-50mm 8
- ユキコローズS（中心に銀色の丸小ビーズを1粒刺す）1500-5mm 30
- アウトラインS（オーガンジーリボンの上から）25番 2本どり 311

P.74の図案

Work 21

- ユキコローズS（中心に銀色の丸小ビーズを1粒刺す）1500-5mm 31
- フェザーS F-001 364
- アウトラインS 25番 2本どり 3362
- オーガンジーリボン 4563-50mm 8

P.74の図案

＊シューフルールSは、No.1540-7mmのリボン20cmを二つ折りにして、中心にビーズを1粒縫いとめる（25番の刺しゅう糸を1本ビーズ針に通し、2本で使用）、P.28を参考に花の形にしてから布に縫いとめ、周りのレージーデージーSを刺します。
＊ところどころ好きな所にビーズを刺してもいいでしょう。ビーズは小さな返し針で、ひと粒ずつとめます。

リボン中央に針を入れるアウトラインS

レージーデージーS
25番　2本どり
580

シューフルールS
（紫系の丸小ビーズを中心に縫いとめる）
1540-7mm
162

シューフルールS
（紫系の丸小ビーズを中心に縫いとめる）
1540-7mm
182

アウトラインS
25番　2本どり
580

アウトラインS
（オーガンジーリボンの上から）
25番　2本どり
610

花の上にフライSをしてから
アウトラインS
（P.72参照）
25番　2本どり
520

ストレートS
1544
5

ストレートS
1500-5mm
32

フェザーS
F-008
2

フェザーS
F-001
364

アウトラインS
（リボン中央に針を入れる　上図参照）
1540-3.5mm
364

アウトラインS
（オーガンジーリボンの上から）
25番　2本どり
3781

オーガンジーリボン
4563-50mm
2

オーガンジーリボン
4563-50mm
2

Work 22

Work 23

P.75の図案

P.75の図案

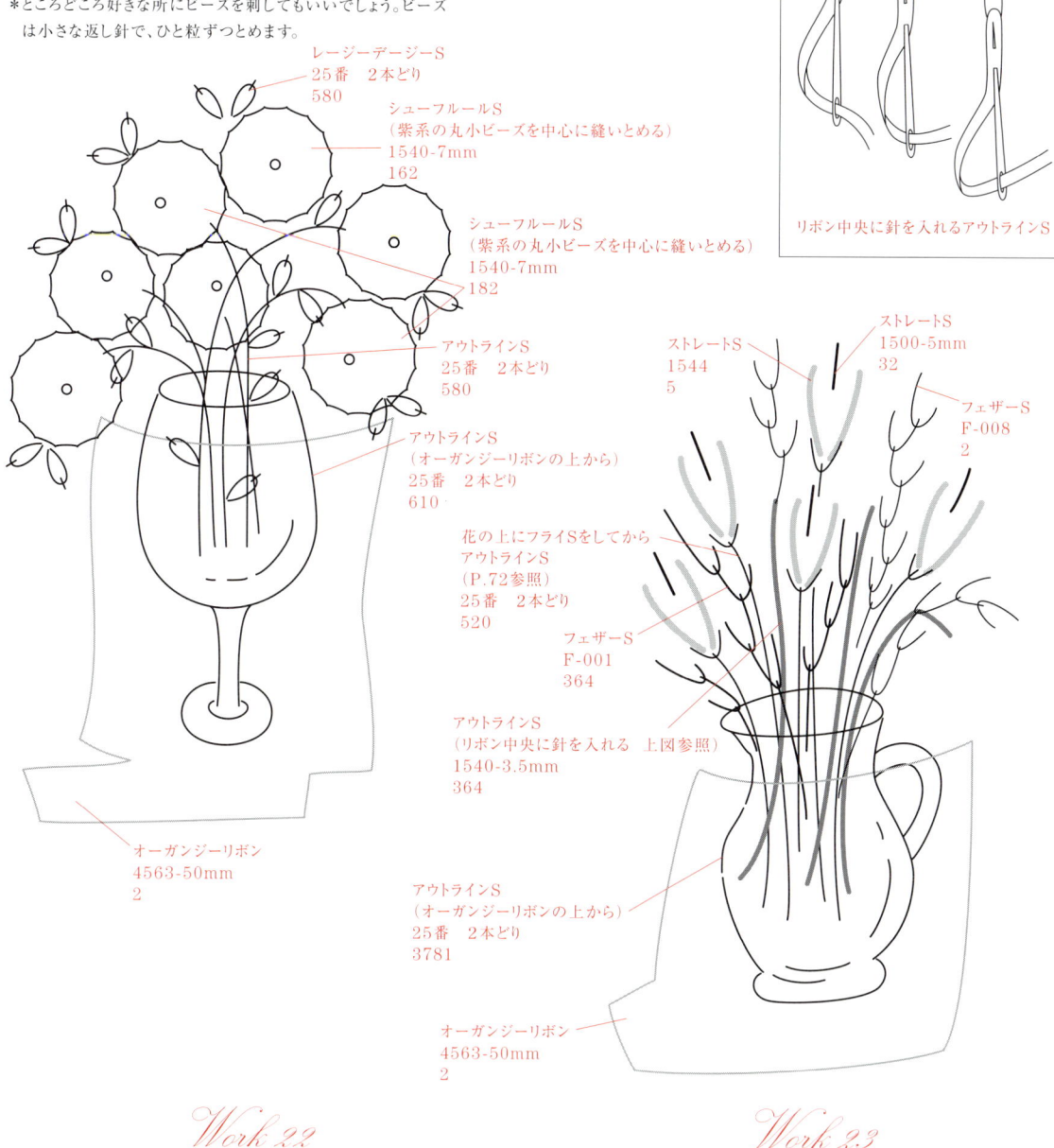

Work 24

図案はP.80

Work 25

図案はP.81

＊リボン2本（No.1150-3mm 21と63）を蝶結びにして、花を
束ねたあたりに縫いとめます。

フレンチノットS
1541
274

サテンS
4563-15mm
11

サテンS
1500-11mm
26

フィッシュボーンS
4563-8mm
11

花の中心からリボンを出して、
1cmくらい緩ませて、
裏にリボンを入れる
1541
153

レージーデージーS
25番　3本どり
907

アウトラインS
25番　3本どり
907

サテンS
4563-15mm
11

花の上に
レージーデージーS
25番　3本どり
907

ストレートS
4563-15mm
5

サテンS
4563-15mm
5

ストレートS
4563-15mm
11

アウトラインS
25番　3本どり
907

Work 24

P.78の図案

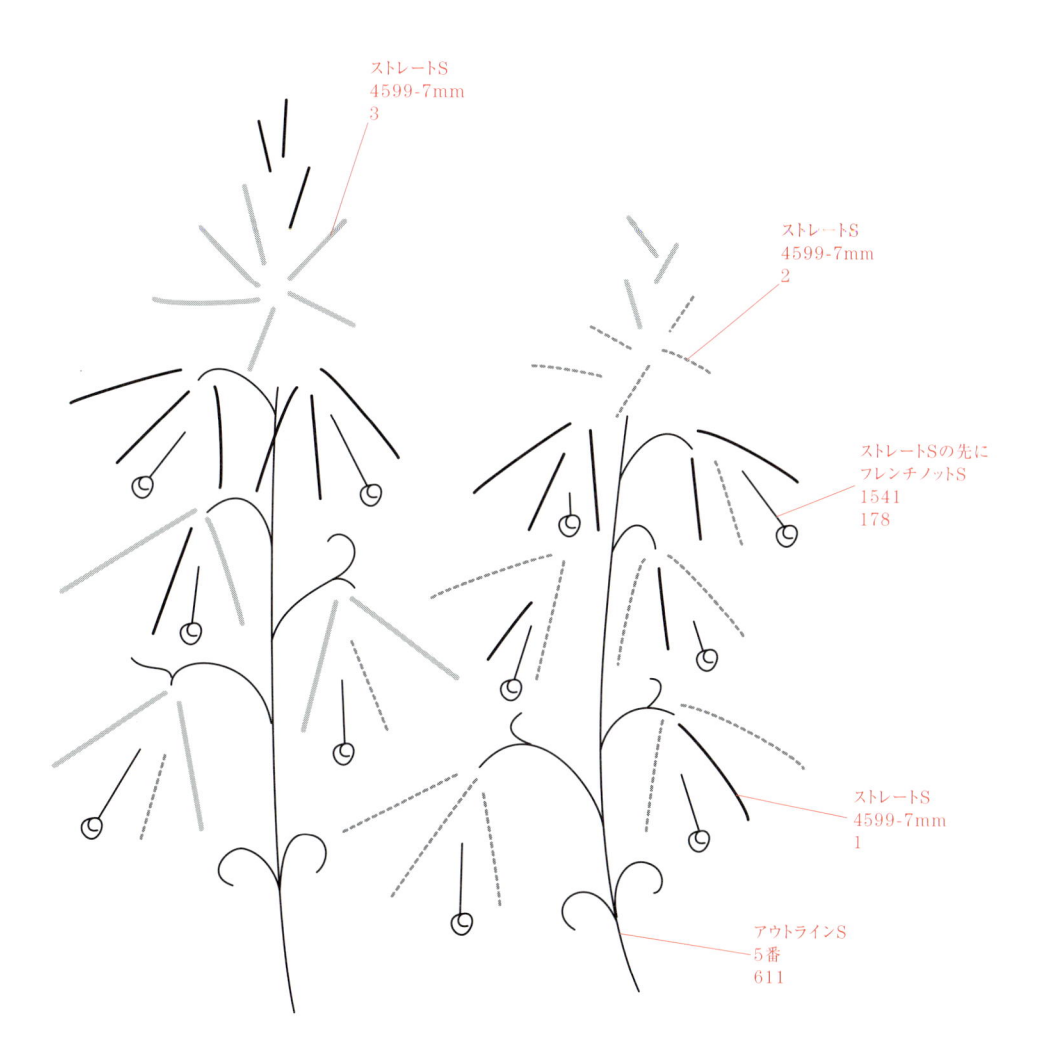

ストレートS
4599-7mm
3

ストレートS
4599-7mm
2

ストレートSの先に
フレンチノットS
1541
178

ストレートS
4599-7mm
1

アウトラインS
5番
611

Work 25

P.79の図案

Work 26

図案はP.84

Work 27

図案はP.85

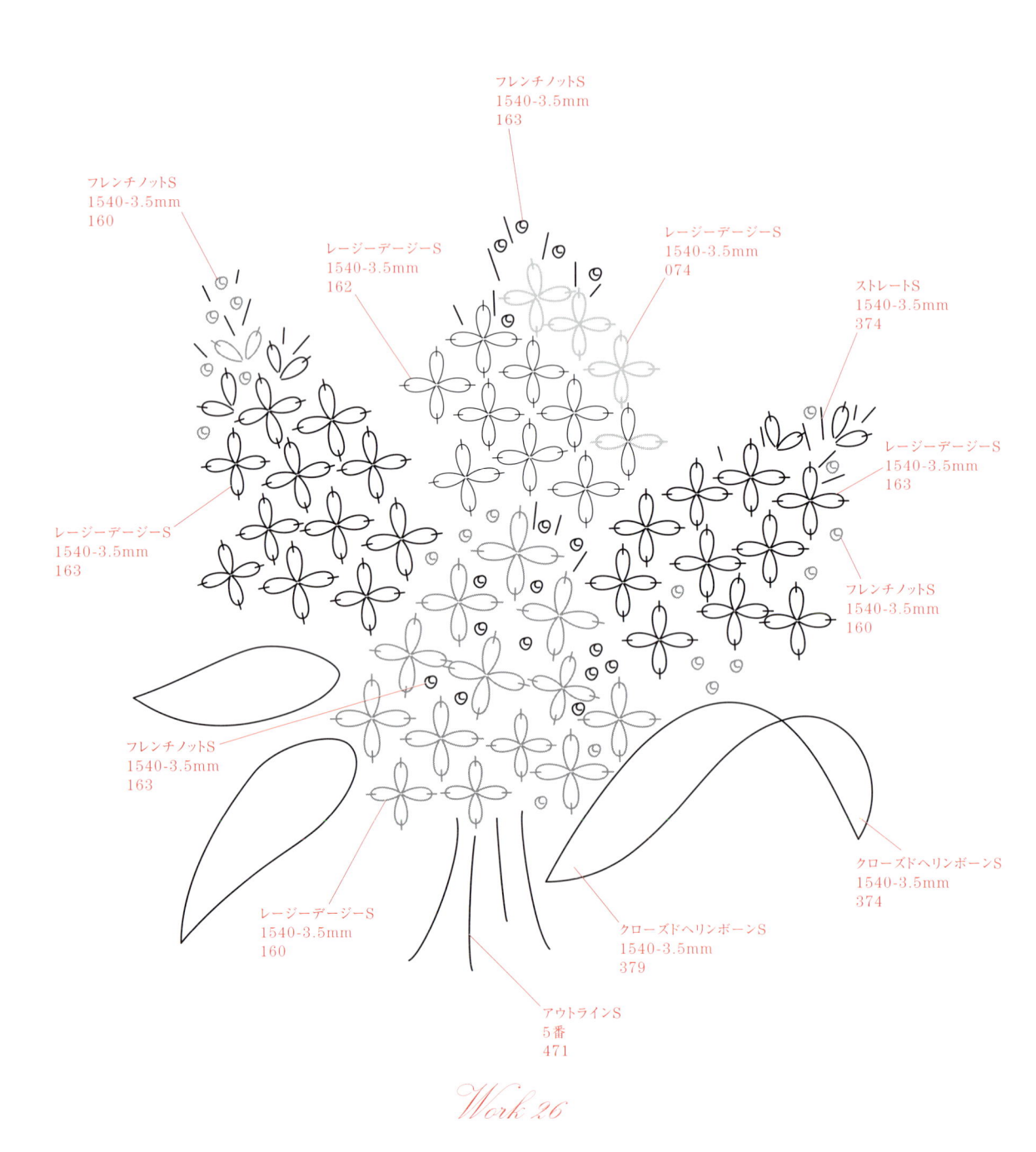

フレンチノットS
1540-3.5mm
163

フレンチノットS
1540-3.5mm
160

レージーデージーS
1540-3.5mm
162

レージーデージーS
1540-3.5mm
074

ストレートS
1540-3.5mm
374

レージーデージーS
1540-3.5mm
163

レージーデージーS
1540-3.5mm
163

フレンチノットS
1540-3.5mm
160

フレンチノットS
1540-3.5mm
163

レージーデージーS
1540-3.5mm
160

クローズドヘリンボーンS
1540-3.5mm
379

クローズドヘリンボーンS
1540-3.5mm
374

アウトラインS
5番
471

Work 26

P.82の図案

サテンS
1513
22

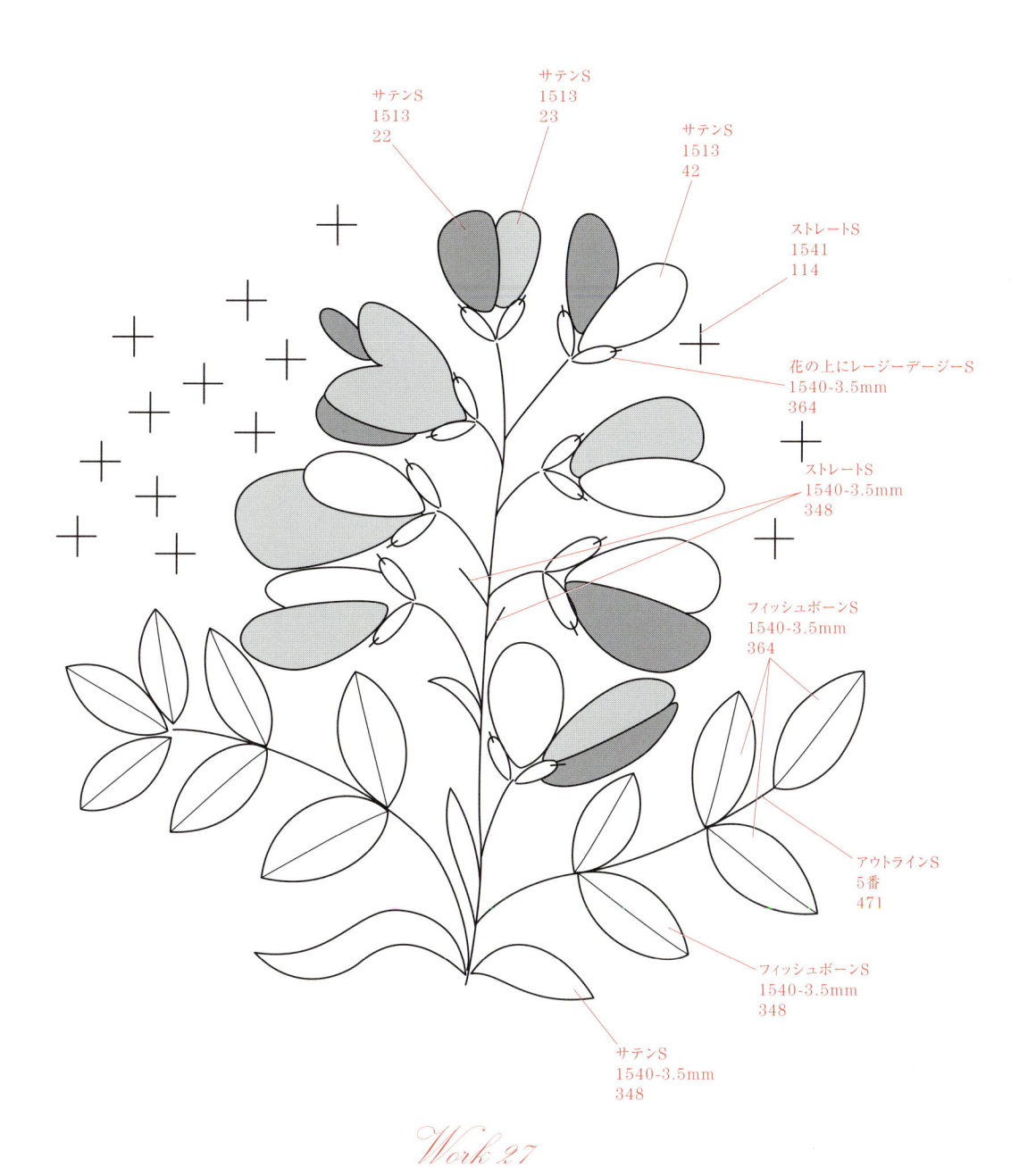

サテンS
1513
23

サテンS
1513
42

ストレートS
1541
114

花の上にレージーデージーS
1540-3.5mm
364

ストレートS
1540-3.5mm
348

フィッシュボーンS
1540-3.5mm
364

アウトラインS
5番
471

フィッシュボーンS
1540-3.5mm
348

サテンS
1540-3.5mm
348

Work 27

P.83の図案

Work 28

図案はP.88

Work 29

図案はP.89

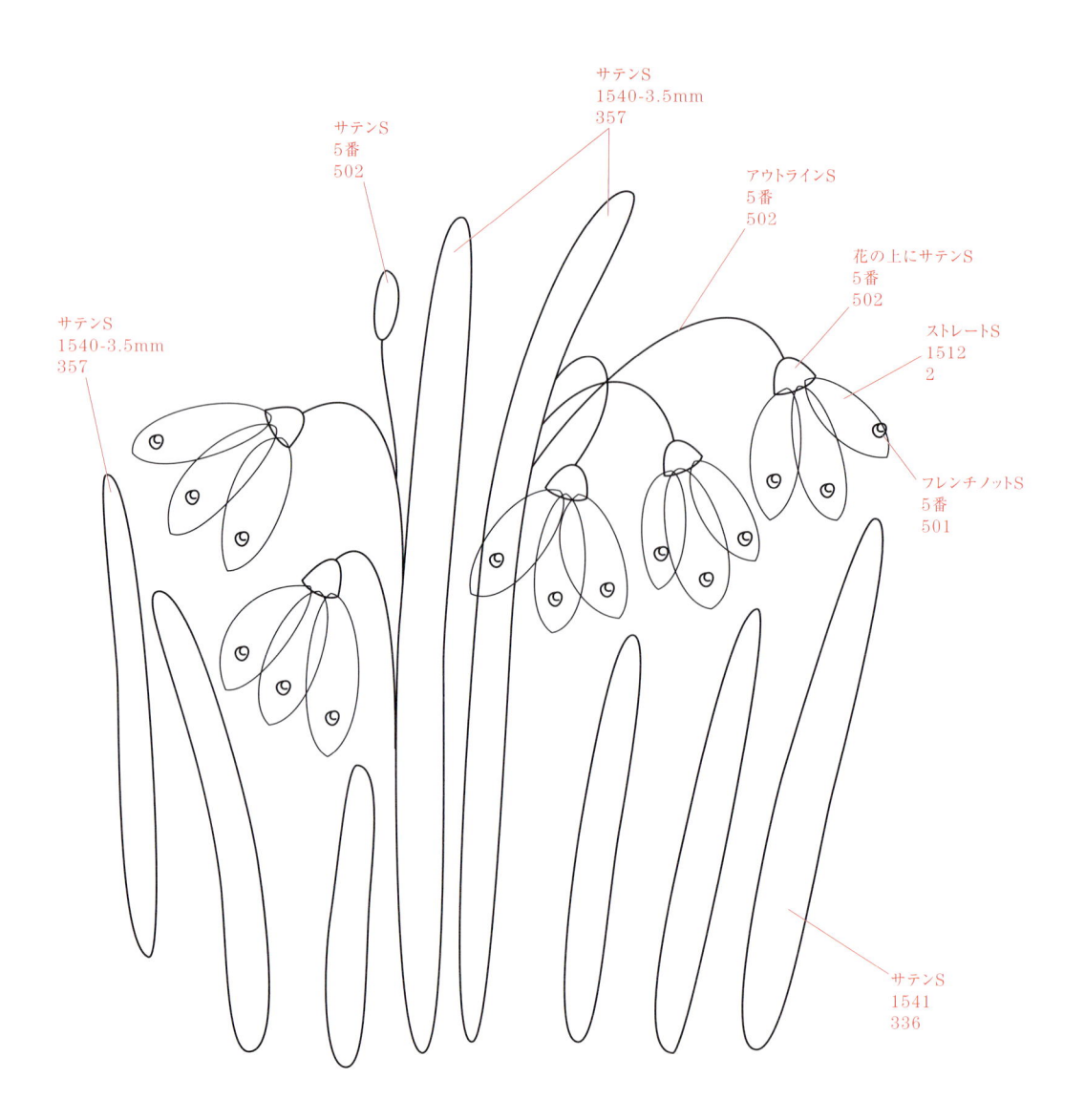

サテンS
1540-3.5mm
357

サテンS
5番
502

アウトラインS
5番
502

花の上にサテンS
5番
502

ストレートS
1512
2

サテンS
1540-3.5mm
357

フレンチノットS
5番
501

サテンS
1541
336

Work 28

P.86の図案

＊写真の作品で使用したリボンは、現在市販されていないので、No.1541のリボンに変えて指定しています。
＊レージーデージーSを続けて刺すと、チェーンSになります。

フライS
1541
470

フライS
1541
293

チェーンS
1540-3.5mm
429

フライS
1541
491

フライS
1541
214

フェザーS
F-002
43

フライS
1541
241

フライS
1541
293

フレンチノットS
1541
491

ストレートS
F-002
43

フライS
1541
287

Work 29

P.87の図案

Ribbon embroidery 5
装飾的な図案を刺してみましょう

リボン刺しゅうに慣れてきたら、装飾的な図案を考えるのも楽しいものです。
リボンやハートに、お気に入りの小花を組み合わせたり、小さなビーズを散らして刺したり、
イニシャルを入れたりしても素敵です。どこにボリュームを付けたらいいか考えながら、刺してみましょう。

Work 30

図案はP.92

Work 31

図案はP.93

Work 32

図案はP.93

サテンS
(リボンに撚りをかける)
1547-4mm
12

芯入りサテンS
(先にフレンチノットSをした上にサテンS)
1547-4mm
30

ストレートS
1547-4mm
33

芯入りサテンS
(先にフレンチノットSをした上にサテンS)
1547-4mm
22

フレンチノットS
1547-4mm
44

芯入りサテンS
(先にフレンチノットSをした上にサテンS)
1547-4mm
29

芯入りサテンS
(先にフレンチノットSをした上にサテンS)
1547-4mm
19

ストレートS
1547-4mm
33

アウトラインS
25番 2本どり
3012

フレンチノットS
1547-4mm
43

レージーデージーSの先にフレンチノットS
1547-4mm
19

レージーデージーSの先にフレンチノットS
1547-4mm
12

バックS

Work 30

P.90の図案

Work 31

P.91の図案

- レージーデージーS
  1540-3.5mm
  374
- ユキコローズS
  1542
  1
- ストレートローズS
  内側　1541
  　　　052
  外側　1542
  　　　1
- アウトラインS
  25番　2本どり
  472
- ツイスティドチェーンS
  25番　1本どり
  523
- ストレートS
  1546
  32
- ストレートローズS
  内側　1541
  　　　424
  外側　1542
  　　　3
- レージーデージーS
  1546
  32
- レージーデージーS
  1540-3.5mm
  374
- レージーデージーSの
  先にフレンチノットS
  1542
  1

Work 32

P.91の図案

- ストレートS
  1540-3.5mm
  074
- ストレートS
  1540-3.5mm
  034
- レージーデージーS
  1540-3.5mm
  374
- ユキコローズS
  1540-3.5mm
  102
- レージーデージーS
  1540-3.5mm
  366
- ストレートローズS
  内側　1541
  　　　071
  外側　1542
  　　　5
- レージーデージーS
  25番　2本どり
  3053
- バックS（左図参照）
  25番　2本どり
  3053
- ストレートS
  1546
  32
- レージーデージーSの
  先にフレンチノットS
  1540-3.5mm
  102
- ストレートローズS
  内側　1546
  　　　5
  外側　1544
  　　　5
- ツイスティドチェーンS
  25番　1本どり
  523
- レージーデージーS
  1546
  32
- ストレートローズS
  内側　1541
  　　　063
  外側　1542
  　　　4

*図案中央に、自分のイニシャルを配したり、ところどころ好きな所にビーズを刺したりしてもいいでしょう。ビーズは小さな返し針で、ひと粒ずつとめます。

*バックSは、全返し縫いすることです（左図参照）。

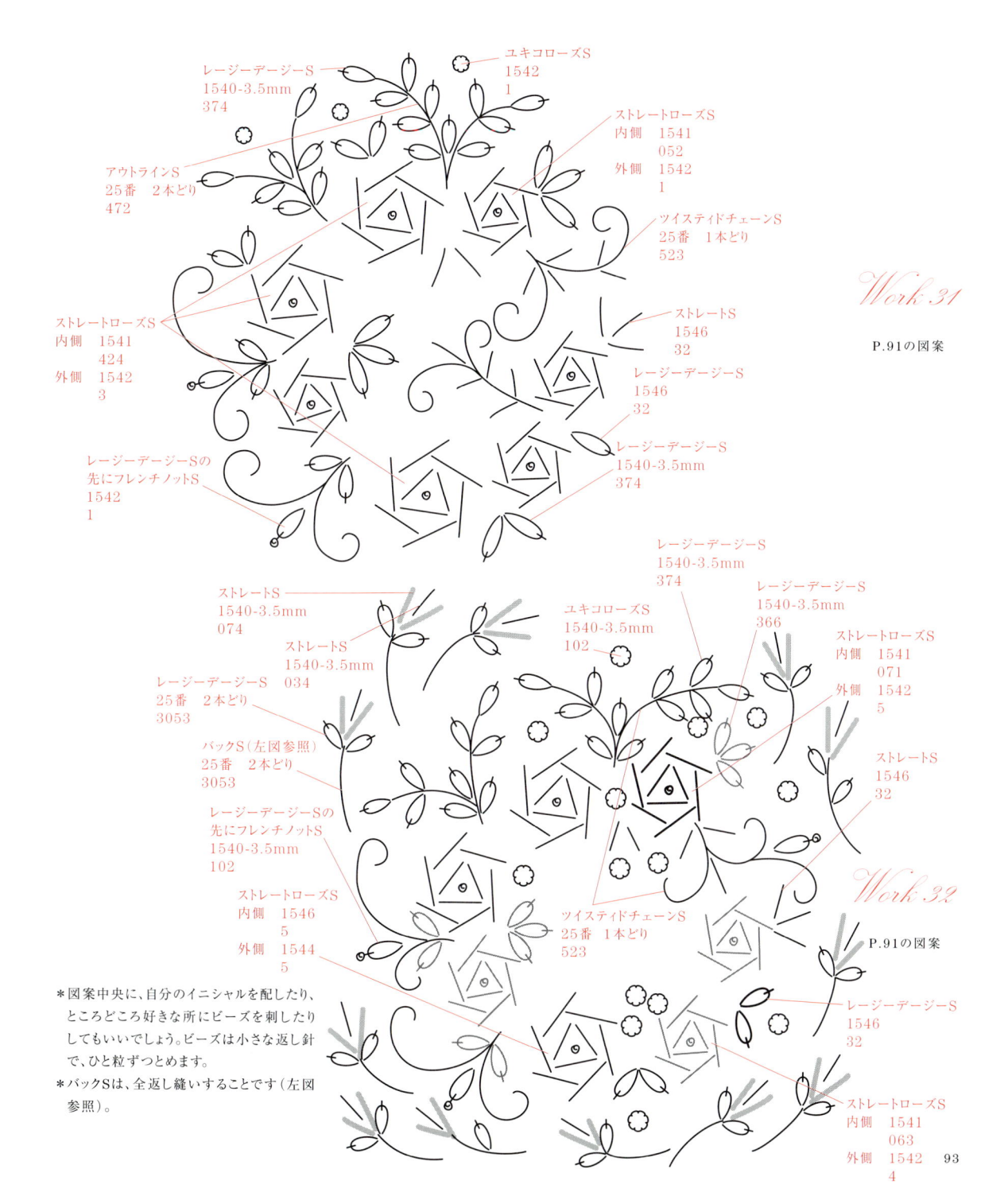

Work 33

図案はP.06

Work 34

図案はP.96

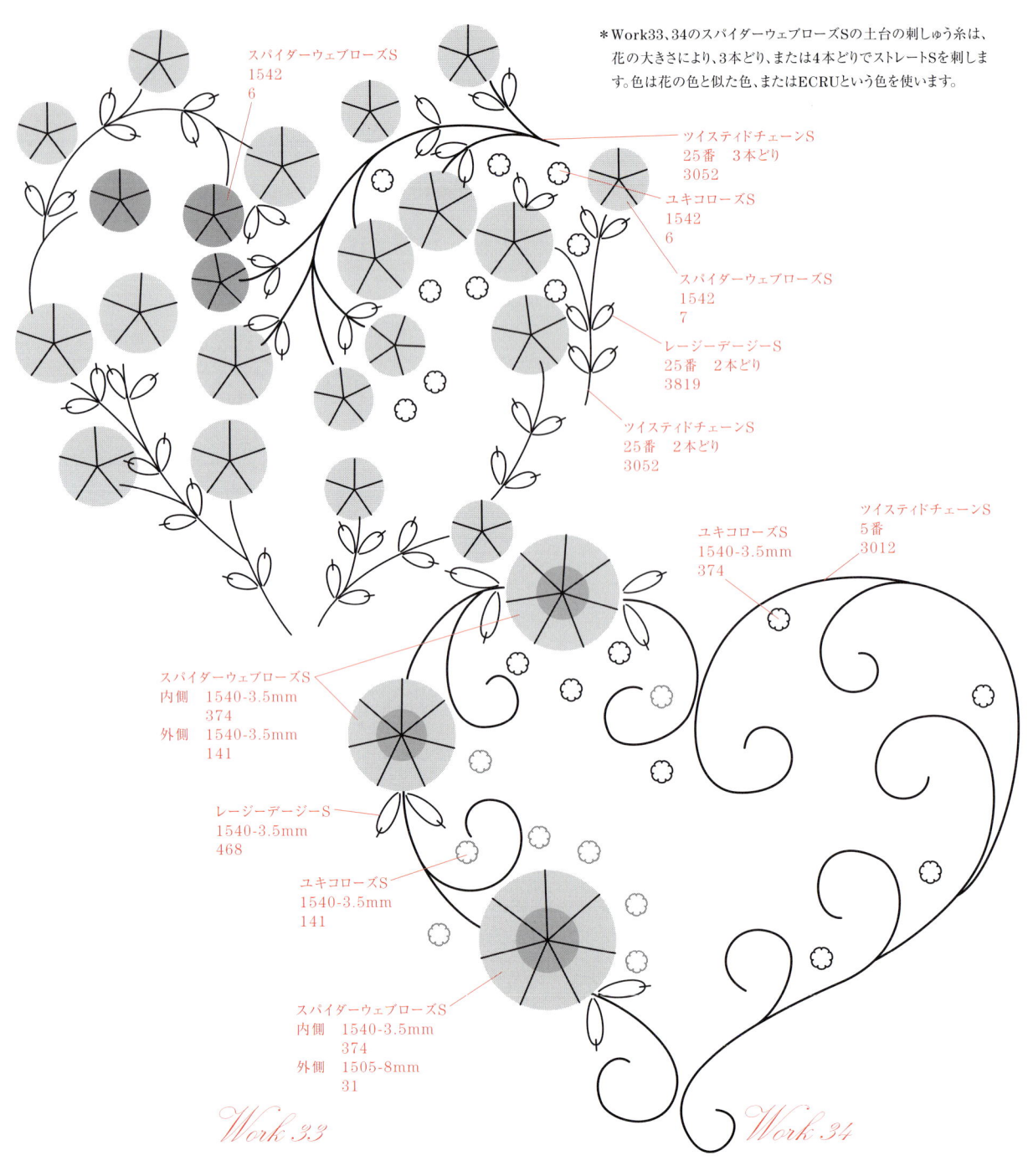

＊Work33、34のスパイダーウェブローズSの土台の刺しゅう糸は、花の大きさにより、3本どり、または4本どりでストレートSを刺します。色は花の色と似た色、またはECRUという色を使います。

スパイダーウェブローズS
1542
6

ツイスティドチェーンS
25番　3本どり
3052

ユキコローズS
1542
6

スパイダーウェブローズS
1542
7

レージーデージーS
25番　2本どり
3819

ツイスティドチェーンS
25番　2本どり
3052

ユキコローズS
1540-3.5mm
374

ツイスティドチェーンS
5番
3012

スパイダーウェブローズS
内側　1540-3.5mm
　　　374
外側　1540-3.5mm
　　　141

レージーデージーS
1540-3.5mm
468

ユキコローズS
1540-3.5mm
141

スパイダーウェブローズS
内側　1540-3.5mm
　　　374
外側　1505-8mm
　　　31

Work 33

Work 34

P.94の図案　　　　　　　　　　　P.95の図案

フレンチノットS
1540-3.5mm
074

Bag 1

P.4、5の図案

レージーデージーS
1540-3.5mm
468

ツイスティドチェーンS
1540-3.5mm
074

フレンチノットS
1540-3.5mm
468

ツイスティドチェーンS
F-007
8

フェザーS
1540-3.5mm
468

フレンチノットS
1546
3

フレンチノットS
1546
3

フェザーS
1540-3.5mm
465

フレンチノットS
1540-3.5mm
465

Bag 2

P.6左の図案

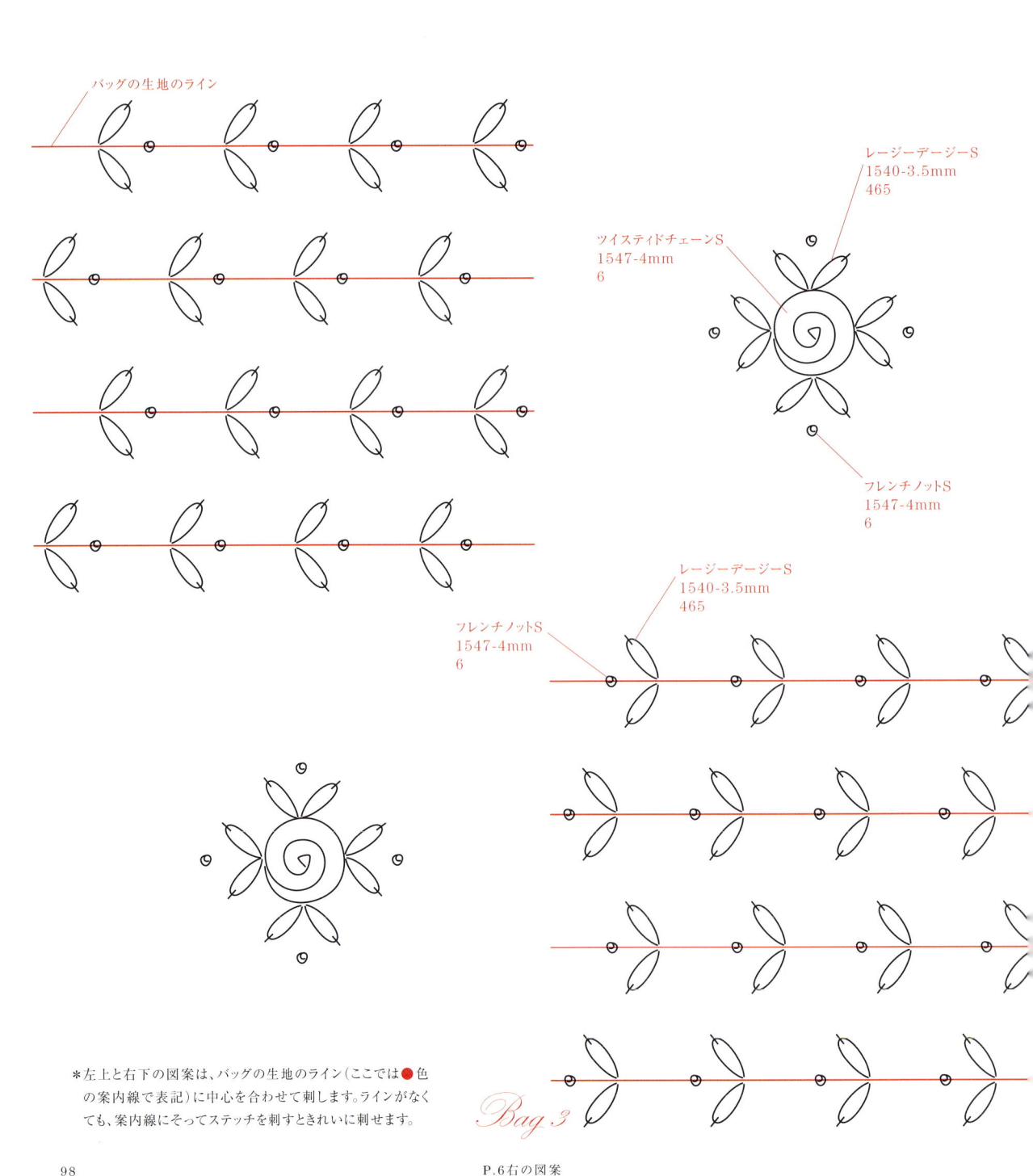

バッグの生地のライン

レージーデージーS
1540-3.5mm
465

ツイスティドチェーンS
1547-4mm
6

フレンチノットS
1547-4mm
6

レージーデージーS
1540-3.5mm
465

フレンチノットS
1547-4mm
6

＊左上と右下の図案は、バッグの生地のライン(ここでは●色の案内線で表記)に中心を合わせて刺します。ラインがなくても、案内線にそってステッチを刺すときれいに刺せます。

Bag 3

P.6右の図案

*バッグの生地のライン（ここでは●色の案内線で表記）に中心を合わせて刺します。ラインがなくても、案内線にそってステッチを刺すときれいに刺せます。

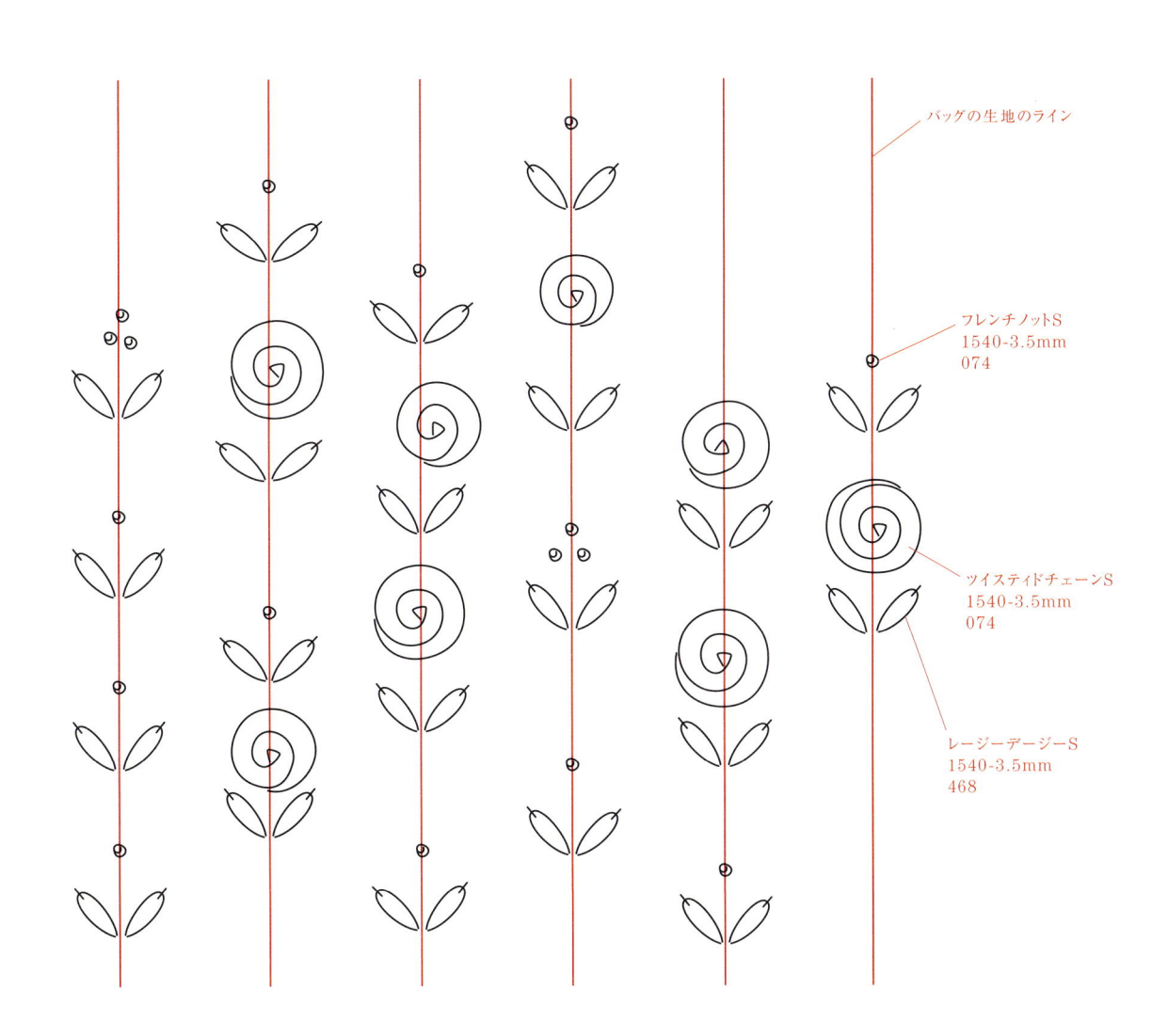

バッグの生地のライン

フレンチノットS
1540-3.5mm
074

ツイスティドチェーンS
1540-3.5mm
074

レージーデージーS
1540-3.5mm
468

Bag 4

P.7の図案

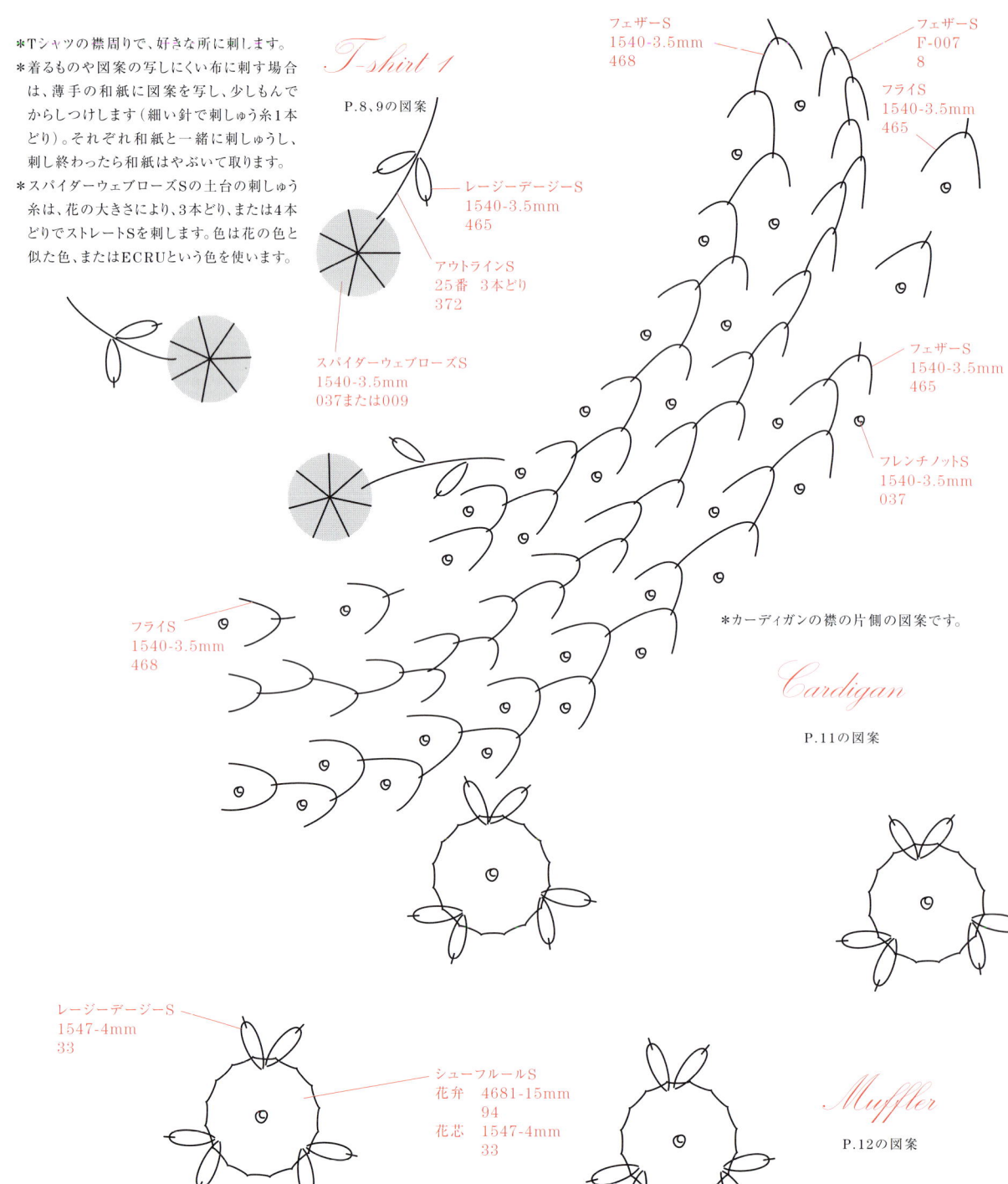

＊Tシャツの襟周りで、好きな所に刺します。
＊着るものや図案の写しにくい布に刺す場合は、薄手の和紙に図案を写し、少しもんでからしつけします（細い針で刺しゅう糸1本どり）。それぞれ和紙と一緒に刺しゅうし、刺し終わったら和紙はやぶいて取ります。
＊スパイダーウェブローズSの土台の刺しゅう糸は、花の大きさにより、3本どり、または4本どりでストレートSを刺します。色は花の色と似た色、またはECRUという色を使います。

T-shirt 1
P.8、9の図案

レージーデージーS
1540-3.5mm
465

アウトラインS
25番　3本どり
372

スパイダーウェブローズS
1540-3.5mm
037または009

フェザーS
1540-3.5mm
468

フェザーS
F-007
8

フライS
1540-3.5mm
465

フェザーS
1540-3.5mm
465

フレンチノットS
1540-3.5mm
037

フライS
1540-3.5mm
468

＊カーディガンの襟の片側の図案です。

Cardigan
P.11の図案

レージーデージーS
1547-4mm
33

シューフルールS
花弁　4681-15mm
　　　94
花芯　1547-4mm
　　　33

Muffler
P.12の図案

T-shirt 2
P.10の図案

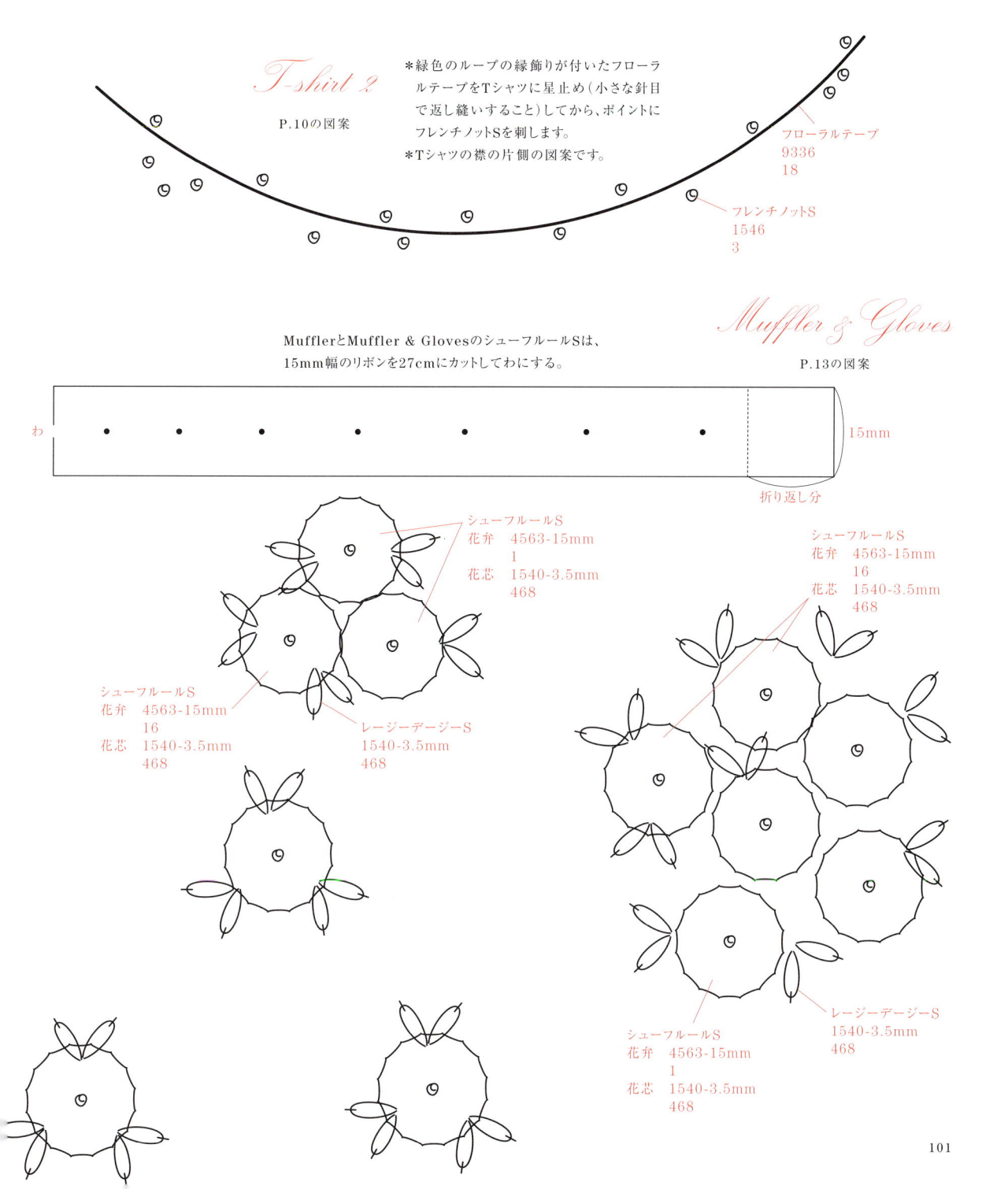

＊緑色のループの縁飾りが付いたフローラルテープをTシャツに星止め（小さな針目で返し縫いすること）してから、ポイントにフレンチノットSを刺します。
＊Tシャツの襟の片側の図案です。

フローラルテープ
9336
18

フレンチノットS
1546
3

Muffler & Gloves
P.13の図案

MufflerとMuffler & GlovesのシューフルールSは、15mm幅のリボンを27cmにカットしてわにする。

わ　　　15mm　　折り返し分

シューフルールS
花弁　4563-15mm
　　　1
花芯　1540-3.5mm
　　　468

シューフルールS
花弁　4563-15mm
　　　16
花芯　1540-3.5mm
　　　468

レージーデージーS
1540-3.5mm
468

シューフルールS
花弁　4563-15mm
　　　16
花芯　1540-3.5mm
　　　468

シューフルールS
花弁　4563-15mm
　　　1
花芯　1540-3.5mm
　　　468

レージーデージーS
1540-3.5mm
468

101

製作を終えて

　数年前、義母の遺品の中に、リボン刺しゅうのクッションを見つけました。それは、四十数年前に私が刺したもので、今は私の手元にあります。あちこちのリボンや糸の擦れ具合から見て、ちゃんと使ってくださっていた様子が良くわかります。それを目にする度、とてもいとおしく感じられ、ものづくりをしている私にとって、本当に嬉しいことでした。このような感動を大切にして、楽しい作品づくりをまだまだ続けたいと思っています。　　　　　　2011年2月

小倉ゆき子　Yukiko Ogura

桑沢デザイン研究所卒業。子供服のデザイナーを経て、手芸デザイナーに。ニードルワークの幅広い分野で活躍すると共に、自由に表現する作品制作の個展、作品展多数。著書に『リボンでつくる花のアクセサリー』（NHK出版）、『小倉ゆき子のリボン刺しゅうの基礎Book』（日本ヴォーグ社）、『小倉ゆき子のリボンでつくる花　コサージュのつくり方　テクニックとバリエーション』（六耀社）など多数。ファニー・ヴィオレとの共著に『てがみアート』（工作舎）、おぐらみことの共著に、基本ステッチのプロセスDVDが付いた『刺しゅう生活、はじめます　刺しゅうテクニック＆家族へ贈る図案集』（六耀社）がある。

小倉ゆき子先生のお店

ギャルリ イグレック（galerie y）
ギャラリー、ショップ、ワークスペースを持ったニードルワークファンのためのスペース。刺しゅう糸やリボンなどの手芸材料が豊富です。オリジナルキットや手芸関連の書籍も充実しています。

＊本書のcolumnで掲載した作品の図案についてのお問い合わせは、イグレックまで。

〒104-0041 東京都中央区新富1-4-1 2F
Tel.03-5542-3010
www.galerie-y.com/
Instagram　www.instagram.com/yukiko_ogura22/
Facebook　m.facebook.com/ogurayukiko22/
営業時間：10:30〜18:00　日曜日、月曜日、火曜日定休

本書のリボンは、MOKUBAの商品を使用しています。
株式会社 木馬
Tel.03-3861-2637
Fax.03-3864-1265
〒111-8518 東京都台東区蔵前4-16-8
＊お問い合わせは、9:00〜12:00、13:00〜17:30（土日祝休み）にお願いします。

本書の刺しゅう糸は、DMCの商品を使用しています。
ディー・エム・シー株式会社
Tel.03-5296-7831
www.dmc.com/
www.dmc-kk.com/（WEBカタログ）
〒101-0035　東京都千代田区神田紺屋町13 山東ビル7階

小倉ゆき子のリボン刺しゅう　ステッチと図案集

発行日：2011年3月26日　初版第1刷
　　　　2017年5月25日　初版第3刷

著者：小倉ゆき子

発行者：圖師尚幸
発行所：株式会社 六耀社
〒136-0082 東京都江東区新木場2-2-1
Tel.03-5569-5491
Fax.03-5569-5824
www.rikuyosha.co.jp/
印刷・製本：シナノ書籍印刷 株式会社

© 2011 Yukiko Ogura
Printed in Japan
ISBN978-4-89737-675-2
NDC594 104p 20.0cm

本書に掲載した記事、写真、イラストレーションなどの私的使用以外
の利用、および、無断掲載・複写を禁じます。

撮影：水野聖二
ブックデザイン：林 琢真
図案トレース：安田由紀子
編集：宮崎雅子